Beiträge zur
Heimatkunde

Georg Baars

Sagen & Anekdoten aus Stecklenberg im Harz

Band 9

Harzklubzweigverein Stecklenberg e.V.

Bibliografische Information der Deutschen Nationalbibliothek: Die Deutsche Nationalbibliothek verzeichnet diese Publikation in der Deutschen Nationalbibliografie; detaillierte bibliografische Daten sind über dnb.d-nb.de abrufbar.

Impressum

Texte:	© Copyright by Georg Baars
Fotos:	© Copyright by Georg Baars
Cover	© Copyright by Manuela Petri, Glückswege)
Satz	Carsten Kiehne (Sagenhafter Harz)
Verlag:	Selbstverlag
	Stecklenberger Wurmtal 56, 06502 Thale
	info@stecklenberg.de

Veröffentl.:	März 2020, 1. Aufl.
ISBN	978-3-7504-5164-3

Herstellung & Verlag: BoD – Books on Demand, Norderstedt

Vom Inhalt dieses Büchleins

Vorwort

D ies ist eine Sammlung von Geschichten, die man sich so erzählt hat, aufgeschrieben vom Herausgeber. Mal war es die Großmutter deren Erzählungen in Erinnerung geblieben sind, einander Mal kam die Geschichte vom Stammtisch, die eine oder andere Geschichte ist auch aufgeschrieben gefunden worden, dann ist der Autor auch aufgeführt.

Ob sie so stimmen ist ungewiss, jedenfalls sind alle Ähnlichkeiten mit lebenden Personen rein zufällig.

In Zeiten, in denen die höchsten Politiker bei ihrem Ehrenwort das Blaue vom Himmel runter schwindeln, darf man den Wahrheitsgehalt von Sagen etwas wohlwollender prüfen.

Georg Baars 2019

Am Kamin

An einem sehr kalten Wintertag im Palmschen Gasthof in Stecklenberg saßen alle Gäste dicht gedrängt am Kamin. Der Schäfer Andreas Gottfried B. kam aus der Kälte und wollte sich aufwärmen, doch niemand rückte zur Seite, alle Plätze waren besetzt. Da rief er laut zum Wirt: „Schwager Friedrich, bring meinem Pferd eine Leberwurst." - „Du meinst wohl Hafer" antworte der. - „Nein eine Leberwurst, mein Pferd frisst Leberwurst!"
Die Gäste horchten auf. Ein Pferd, das Leberwurst frisst wollte jeder sehen. Sie gingen mit dem Wirt nach draußen. Andreas suchte sich den schönsten Platz am Kamin aus. Der Wirt kam mit den Gästen wieder hinein und sagte: „Das Pferd will aber keine Leberwurst." - „Nun", sagte Andreas, „wenn es heute keine Leberwurst frisst, dann gib mir die Wurst und etwas Brot und einen Humpen Bier."
Der pfiffige Andreas heiratete 1837 die Schwester des Wirtes Friedrich Palm und wurde sein Schwager.

Auf der Eisenbahn

Die Eisenbahnstrecke von Halberstadt über Quedlinburg nach Thale, damals als "Harzbahn" bezeichnet, wurde am 2. Juli 1862 eröffnet. Neinstedt bekam einen Bahnhof. Der Direktor der Eisenbahn ließ sich in Neinstedt eine Villa bauen. 1893 wurden die bis dahin eine Gemeinde bildenden Orte Neinstedt und Stecklenberg getrennt. Stecklenberg wurde eine eigene Gemeinde und blieb es bis 2009, als beide Orte nach Thale eingemeindet wurden. Nach schwer errungener Selbständigkeit wollte auch Stecklenberg einen Eisenbahnanschluss, denn Stecklenberg wurde zur beliebten Sommerfrische. Die Eisenbahngesellschaft wollte aber kein Gleis nach Stecklenberg legen. Also beriet man, wie zu verfahren sei und wie man zu einem eigenen Bahnhof käme.

Schließlich einigte man sich darauf, dass der Stecklenberger Bahnhof in Neinstedt zu sein hätte, da wäre er näher an der Gleisen.

Herr Kaiser aus Neinstedt war einmal in Quedlinburg und wollte mit dem letzten Zug zurück nach Neinstedt fahren. Auf dem Bahnsteig in Quedlinburg erzählte er bis zur Zugankunft mit dem Bahnhofsvorsteher. Der Zug war leer und er der einzige Fahrgast. Da meinte er spaßhaft, es wäre ein Sonderzug nur für Ihn. Der Bahnhofsvorsteher meldete vorschriftsmäßig die Abfahrt des Zuges nach Neinstedt weiter mit den Worten „Jetzt kommt ein Sonderzug mit dem Kaiser." Als Kerr Kaiser ausstieg, begrüßten ihn ein schnell zusammengestellter Kinderchor und eine 3 Mann Kapelle neben etlichen, zunächst jubelnden Einwohnern.

Bruno, der Barbier

Als Bruno 1866 aus Königgrätz zurückkehrte, konnte er als Kriegsinvalide nur noch humpeln, seinen Beruf als Barbier führte er trotzdem weiter und seinen Humor hatte er behalten. Für seine Streiche war er bekannt.

Einmal als Soldat hatte er sich als Jünger des Bachus zu sehr hervorgetan und wankte betrunken über den Exerzierplatz. Das unmäßige Trinken war aber vom Hauptmann verboten worden. Als er nun so lief, kam ihm der Hauptmann entgegen, der schon von weitem eine militärisch strenge Haltung annahm, um dem Soldaten gehörig den Marsch zu blasen: „Kerl, wo will er hin?" Bruno salutierte „Melde gehorsamst Herr Hauptmann, habe den Befehl einen Besoffenen in den Arrest zu bringen" dann ging er weiter und ließ den verblüfften Hauptmann stehen. Bruno hatte sich selbst den Befehl gegeben, kam aber nie im Arrest an.

Im Sommer wurde er hin und wieder in das Hotel Zehnpfund in Thale gerufen, um einige Gäste zu rasieren. Bezahlt wurde er vom Hotel, also entging ihm jedes Mal ein kleines Trinkgeld. Als er den

Besitzer des Hotels bat, man möchte ihm etwas mehr zahlen, meinte dieser, Bruno brauche dann nicht mehr wiederzukommen.

Da entschloss sich Bruno dem Hotel einen Streich zu spielen. Als fünf seiner Kunden im Salon Platz genommen hatten, sagte Bruno, er hätte eine neue französische Rasierseife von hervorragender Qualität, die müsste allerdings 10 Minuten einwirken. Er pinselte alle 5 Kunden dick mit Rasierschaum ein. Dann gab er vor, sein neues scharfes Rasiermesser holen zu wollen. Er ging hinaus, doch draußen wechselte er schnell Hemd und Sakko, klebte sich einen falschen Schnurrbart an, pinselte sich ebenfalls mit Rasierschaum voll und setzte sich zu den anderen Kunden in den Salon. - Eine Weile blieb alles ruhig, doch dann begannen die Kunden zu schimpfen. Auch nach einer halben Stunde war der Barbier immer noch nicht zurück und alle beschwerten sich lauthals. Der verkleidete Bruno schimpfte am lautesten, was dies für ein schlechtes Hotel wäre. Man suchte den Barbier, fand ihn aber nicht und so mussten sich alle den Schaum wieder abwischen und unrasiert ihrer Wege gehen.

Bruno hatte auch eine Tochter, die Mathilde, und die war nicht auf den Mund gefallen. Sie hatte geheiratet, doch ihr Mann beschwerte sich oft bei Bruno, dass er seine Tochter doch schlecht erzogen hätte und es gebe immer Zank und Streit. Nach einiger Zeit wurde das Bruno zu viel und er sagte zu seinem Schwiegersohn: „Höre, wenn ich noch weiterhin Schlechtes von Mathilde hören muss, dann sage ihr, dass ich sie enterben werde." Bruno hat nie wieder Klagen von seinem Schwiegersohn vernommen.

Als Barbier kannte Bruno eine Menge Leute und oft wurde er auch zu Hochzeiten, Konfirmationen, Tauffeiern und auch Geburtstagen von seinen Freunden eingeladen.

Diese erwarteten natürlich auch von Bruno eingeladen zu werden, doch Bruno hatte nicht genug Geld. Er lud also seine Freunde zu einem Weinabend ein. Doch vorher redete er mit jedem seiner Freunde heimlich: „Wir wollen uns einmal einen Spaß machen. Die anderen haben über dich gelacht, als du letztens so betrunken warst.

3

Doch diesmal wollen wir nur Apfelsaft trinken und alle anderen sollen den sauren Wein so lange trinken, bis sie nicht mehr stehen können und wir wollen uns über sie lustig machen." Jedem seiner Freunde gefiel dieser Spaß, denn sie wussten, wie lustig Bruno sein kann. Also saßen an einem Abend neun wackere Männer bei Bruno zu Tische, tranken eifrig Apfelsaft lachten und schwatzten laut und lauter und taten so, als wenn sie immer betrunkener würden. - Als sie sich das nächste Mal trafen, schmunzelte jeder vor sich hin und schwärmte von der schönen Feier bei Bruno.

Cholera

Deutschland wurde 1833 von einer schlimme Cholera-epidemie heimgesucht. Von Indien kommend verbreitete sie sich über Russland bis Preußen und kam auch nach Neinstedt und Stecklenberg. Für die vielen Toten wurde ein Cholera-friedhof eingerichtet, heute wahrscheinlich Acker-Grundstück Nr. 80. Behörden und Ärzte waren bemüht, aber hilflos. Erst spät erkannte man den Zusammenhang zwischen Fäkalien, Leichenwasser und Trinkwasser und verlegte die Friedhöfe außerhalb der Ortschaften.

Ein Pferdehändler war in dieser Zeit nach Stecklenberg unterwegs. In der Gaststätte Palmscher Gasthof (später „Zum grünen Wald", dann „Autoparkhotel") zum Mittagessen angekommen, grüßten die Leute nur kurz und verließen schnell das Haus. - Einige Zeit später erschien der Dorfschulze mit einigen Männern und erklärte, dass auf Befehl des Landrates alle Fremden zu „desinficieren" seien. Allerdings war guter Rat teuer, denn man hatte dafür keine Apparate. - Da schlug der örtliche Schlachter vor, den Mann leicht zu räuchern, denn das würde auch bei Wurst helfen. Die heftigen Einsprüche des Pferdehändlers wurden ignoriert und er wurde gewaltsam in eine Räucherkammer gesperrt, in der er die Nacht bei Rauch auf einem Stuhl verbringen sollte.

Am nächsten Tag frühmorgens kam der berittene Gendarm, der von dem Geschehen erfahren hatte, und befürchtete als vernünftiger Mann das Schlimmste für den Delinquenten, der sicher erstickt sei. Ein solches Verfahren, ein solches Fehmgericht sei nicht befohlen gewesen. - Mit Angst und Schrecken schlich der Gemeinderat zur Räucherkammer. Man öffnete die Tür und fand den Mann wohlbehalten beim Frühstück. Er hatte, kaum allein, die Klappe zum Rauch verschlossen und mit der Jacke zugestopft. Früh bekam er Hunger und machte sich über die Würste in der Räucherkammer her. Der Schulze verzichtete auf weitere „Desinfection" und war froh, dass der Mann mit den Würsten als Entschädigung weiterzog.

Das Abendkleid

Im Wurmtal Nummer 29 war früher der Kolonialwaren-Laden von Ziesing. In den 1950'ger Jahren wurde dort ein HO-Textilladen (HO = DDR Handels-Organisation) eingerichtet. Tante Gerda (Gerda Reiter) war die Chefin und Verkäuferin. Jahrzehntelang, bis 1990 der Laden geschlossen wurde, war sie eine Institution in Stecklenberg. Sie versuchte jeden, zumindest jeden Bekannten mit Bückware (seltenes Angebot, zu dem sie sich unter den Ladentisch bücken musste) zu versorgen. Nach 1990 wurde dort eine Sparkassenfiliale eingerichtet, die bis 2000 bestand. Wenn bei Tante Gerda etwas Besonderes angeliefert wurde, so kaufte man es, dann hatte man gleich etwas zu Weihnachten zum Verschenken.
Renate war eine hübsche junge Frau. Als sie bei Tante Gerda den Laden betrat, fiel ihr gleich ein wunderschönes weißes Sommerkleid ins Auge, welches noch verpackt da lag. Schnell schaute sie nach, die Größe passte und Schwupps war es gekauft. - Am nächsten Sonnabend war Tanz im Waldfrieden und da musste sie unbedingt mit ihrem Mann Conny hingehen. Stolz zog Renate ihr Kleid mit den schönen Spitzen an. Sie war sicher, heute die Hübscheste im Saal zu sein. Mit einem Lächeln im Gesicht und erhobener Nase ging sie an den Tischen vorbei, wohl wissend, dass sie die Blicke auf sich zog.

5

Noch am nächsten Tag lächelte sie über den gelungenen Abend. Dann packte sie sorgsam ihr Kleid zusammen und steckte es in die Originalverpackung. Aber was war das? Das musste sie übersehen haben, auf der Packung stand "Nachthemd". Jetzt war es peinlich. Ob das jemand bemerkt hat? Und die Leute am anderen Tisch, die ihr zulächelten, haben sie sie vielleicht verspottet? - Vorsichtshalber ließ sie den nächsten Tanzabend ausfallen.

Das Gebiss

Gustav H. war ein Verwandter aus Harsleben, woher meine Oma stammte. Oft war er zu Besuch in Stecklenberg. Einmal war dem Großvater das künstliche Gebiss herausgefallen, als er die eingespannten unruhigen Pferde laut zur Ruhe rief. Da musste er zum Zahnarzt und das Gebiss richten lassen. „Das ist nicht schlimm" meinte Gustav „mir ist es noch viel schlimmer ergangen."

In Halberstadt waren wir bei Erna, das ist eine Nichte von dem berühmten Heißdampf Schmidt aus Wegeleben (Wilhelm Schmidt *1858 Wegeleben; †1924), der ist auch mit uns verwandt. Es gab auch reichlich zu trinken. Wir nahmen die letzte Straßenbahn und sind in Richtung nach Hause gefahren. Plötzlich wurde mir schlecht. Ich machte das Fenster auf und musste mich übergeben, dabei ist das Gebiss herausgefallen. Wir sind ausgestiegen, zurückgelaufen und haben es auch gefunden, mussten dann aber die ganze Strecke zu Fuß gehen. - Es kommt aber noch besser: Als ich mit meiner Luise im Theater in Halberstadt war, saßen wir auf dem Balkon. An einer Stelle des Theaterstücks musste ich so lachen, dass das Gebiss ins Parterre flog. Das war so peinlich, dass ich es nicht wiedergeholt habe, sondern habe mir ein neues anfertigen lassen, was besser sitzt."

Das Brauerei-Gespenst

Im Mittelalter wurde in jedem besseren Haushalt Bier gebraut, ein dünnes Bier, was auch Kinder trinken konnten und das vor allem frei von Krankheitserregern war. Auch auf der Stecklenburg stand ein Brauhaus. Stets wurde hier ein gutes Bier gebraut. Das Brauwasser musste man aber umständlich mit Eseln aus dem Röhrengrund nach oben schaffen. - Oft wurde mitternachts die weiße Frau gesehen, wie sie durch die Räume wandelte und auch in die Brauereigefäße schaute. War alles in Ordnung verschwand sie einfach, aber wenn sie Unordnung vorfand, bereitete sie der Magd oder dem Knecht eine unruhige Nacht mit Alpdrücken und bösen Träumen, so dass diese am nächsten Tag mit schlechtem Gewissen erwachten.

Die Herren von Hoym verkauften 1713 die Stecklenburg an den preußischen Staat, Burg und Wirtschaftshof wurden zu einer Domäne, also einem Staatsgut umgewandelt. Die Domäne wurde von einem Amtmann verwaltet, der sie jeweils für einige Jahre gepachtet hatte. Man brach 1726 das Brauhaus auf der Stecklenburg ab und baute es unten im Ort wieder auf, wo es bis heute (2018) noch im Park steht. Auch wurde eine Wasserleitung mit Röhren aus dem Röhrengrund hierhergelegt, der seitdem so heißt.

Als der Braumeister das erste Bier im Hause braute, gelang ist nicht, Hopfen und Malz waren verloren. Der Amtmann schimpfte, Hopfen und Malz wären von guter Qualität gewesen. Der Braumeister war auch nicht auf den Mund gefallen und schimpfte zurück, daran hätte es nicht gelegen, der Amtmann hätte ihm krummes Holz zum Heizen der Braukessel geliefert. Jetzt war guter Rat teuer. Was konnte man tun, um solch großen Verlust zu vermeiden. Der Braumeister wusste es, es hätte nicht an ihm gelegen, sondern die guten Hausgeister waren beim Umzug vergessen worden. - Man befragte den Pastor, doch der wollte von solchem heidnischen Unglauben nichts wissen und warnte eindringlich, denn zu dieser Zeit war es noch üblich, Hexen zu verbrennen.

Gottesdienst war für die Stecklenberger damals in der Kapelle auf der Stecklenburg. Erst 1741 war das Schul- und Bethaus im Tale fertig. Es stand gleich hinter der ehemaligen Schule am Park. - Auch der Braumeister war am Sonntag zum Gottesdienst zugegen. Entgegen seiner sonstigen Gewohnheit blieb er nach dem Gottesdienst sitzen, um noch etwas zu meditieren. Als er allein war, redete er laut mit sich selbst, vielleicht in der Hoffnung, dass die Unsichtbaren ihn hören. Sicherheitshalber hatte er auch eine Schale mit Milch auf den Boden der neuen Brauerei gestellt, denn er hatte gehört, dass Hausgeister diese gern mögen. - Als am nächsten Tag von der Milch nichts mehr zu sehen war, braute er beruhigt das nächste Bier und es war so gut wie immer. Die weiße Frau soll man noch oft auch im Brauhaus gesehen haben, wie sie mitternachts umher schwebte.

Das Klavier

In früheren Jahren. als es noch kein Rundfunk und Fernsehen gab, unterhielten sich die Leute viel mehr als heute. Sie bauten Lauben an den Grundstücksgrenzen um mit den vorbeigehenden Leuten zu plaudern. Auch die Hausmusik war verbreitet, denn wenn man Musik hören wollte, musste man zum Tanz gehen oder selbst Musik machen. - Im kleinen Dorf Stecklenberg gab es einen vorzüglichen Instrumentenbauer namens Sanderhoff. Seine Instrumente waren weit und breit wegen ihres Wohlklangs berühmt. So standen sie in vielen wohlhabenden Häusern Deutschlands. Selbst Carl Maria von Weber bestellte 1820 eines für seine Dresdener Wohnung.

Fortepiano.
Durch 30jährige Erfahrung in den Stand gesetzt Musikfreunde mit dauerhaften, äußerer Eleganz und keinem Ton versehenen Instrumenten zu bedienen, empfehlen wir uns in dieser Beziehung und Stellung billiger Preise ganz ergebenst.
Stecklenberg bei Quedlinburg, den 4ten August 1829
C. Sanderhoff et Sohn.

(Staats & gelehrte Zeitung des hamburg. Unparth. Correspondenten 1829, Nr. 128)

Eines Tages kam ein wohlbetuchter Bauer aus Neinstedt zu Sander-hoff und fragte nach einem Klavier, die Frau von Windheim hätte eines und immer wenn seine Frau an dem Fenster vorbei ginge, würde sie die herrliche Musik hören und wollte jetzt auch selbst solche Musik machen. Sanderhoff meinte, einen Flügel könne er wohl anfertigen, man müsste sich nur über die Kosten einig werden. Für ein gutes Fortepiano müsste er wohl 100 Taler auf den Tisch legen. Da erschrak der Bauer doch etwas und zog von dannen, denn für 100 Taler hätte er wohl einen neuen Wagen mit zwei Pferden bekommen können. Doch nach ein paar Tagen kam der Bauer wie-der, denn seine Frau ließ ihm keine Ruhe, ob es etwas Preiswerteres gäbe. - Ja, meinte Sanderhoff, er hätte da noch einen älteren Flügel, wenn er den aufarbeiten würde, könnte man da sehr wohl drauf spielen und er würde ihn für 50 Taler abgeben. Gut, sagte der Bauer, wann soll er fertig sein? Nun dann komme er in zwei Monaten wieder meinte Sanderhoff.

Als die Zeit gekommen war erschien der Bauer und legte seine 50 blanken Taler auf den Tisch. Doch nach 14 Tagen kam er wieder und sagte dieses Instrument tauge nichts, seine Frau würde sich nach allen Kräften bemühen, aber es komme man keine wohlklingende Musik daraus hervor. Er würde es ja wohl behalten wollen, aber Sanderhoff müsste ihm schon die Hälfte des Geldes zurückgeben. Damit war nun Sanderhoff gar nicht einverstanden und sie stritten eine Weile. Bald wurde es Sanderhoff zu bunt und sie verabredeten sich am Sonntag nach dem Kirchgang, denn damals gingen die Stecklenberger noch nach Neinstedt in die Kirche, zur gemeinsamen Erprobung des Instruments. - Nach der Kirche am Sonntag verab-schiedeten sich alle vom Pastor und auch Frau von Windheim war zugegen und wechselte mit Herrn Sanderhoff einige Worte und dieser erwähnte die Geschichte mit dem Klavier. Frau von Windheim war eine gute Pianistin und zugleich bereit an der Erprobung teilzu-nehmen. Also ging man gemeinsam in die gute Stube des Bauern. Die Bäuerin zierte sich, etwas vorzuspielen, aber man ließ nicht locker und so entlockte sie dem Instrument einige schrille Töne.

Nun setzte sich Sanderhoff ans Klavier und siehe da, die Tonleitern rauf und runter hörten sich vorzüglich an. Frau von Windheim wollte auch nicht nachstehen und spielte einige Stücke, dass dem Bauern vor Freude die Tränen in den Augen standen. Jetzt bemerkte er, dass es wohl nicht an dem Klavier gelegen hatte, sondern an der rechten Applikatur seiner Frau. Sanderhoff meinte, dass es für solch tüchtige Hausfrau mit vielen Aufgaben schwer sein würde, ein solches Instrument gut zu erlernen, das wäre wohl mehr etwas für die jugendliche Tochter des Bauern, worauf sich Frau von Windheim gleich bereit erklärte, jeden Mittwoch mit der Tochter eine Stunde zu üben. Geld wollte sie nicht, aber der Bauer solle zum nächsten Kirchenfest unter der Linde in Stecklenberg ein Spanferkel schenken. Und tatsächlich hat der Bauer unter der uralten Linde ein Spanferkel gegeben, nicht das größte, aber doch ansehnlich. Auf dem Fest von Sanderhoff nach dem Fortschritt bei seiner Tochter befragt, lobte er diese in warmen Tönen. Mit Lächeln sprach Sanderhoff von seinen vorzüglichen Geigen und ob der Bauer nicht eine erwerben möchte für nur 50 Taler. Der Bauer schaute erschrocken zu seiner Frau die abseits stand, schüttelte kurz den Kopf und ging schnell hinfort.

Auf eben jenem Instrument der von Frau von Windheim hat später Marie von Nathusius die Klaviermusik zu dem bekannten Lied "Alle Vögel sind schon da" komponiert.

Das Pärei

Ein Warnstedter Bauer kam einst mit feinem Kuhgespann nach Quedlinburg in eine große Gärtnerei und sah dort die ihm unbekannten Kürbisse liegen. Er fragte: »Wat is'n dat da?« Der Gärtner dachte: »Düt is'n Warnschtiddscher, däne kannste anführ'n,« und sagte: »Dat sünd Päreier dä koft't man bloß fufzig Pennig et Schtücke.« - »Wat, en Pärd vor fuffzig Pennig, Geb'n Se meck mal eins taur Probe midde.«

Es wurde sorgsam auf dem Wagen verstaut. (Pärd= Pferd, Pärei = Pferde-Ei, wird aber auch für Pferdeäpfel gebraucht)
An demselben Tage war in Warnstedt eine große Versammlung. In diese ging der Bauer und erzählte stolz von seiner Errungenschaft, dem »Pärei«. Darüber herrschte zuerst große Freude; dann aber stellte sich die Sorge ein: Wer soll das Pferdeei ausbrüten? - Die Wehmutter (Hebamme) wurde dazu ausersehen. Man machte sie mit dem Plan vertraut und brachte sie auf den Berg, wo heute die Windmühle steht. Als sie ein paar Tage auf dem Pferdeei gesessen, wurde ihr Zeit und Weile lang und die Beine lahm. Sie stand unvorsichtig auf, das Ei kullerte den Berg hinunter in eine Furche, wo ein Hase erschreckt aus dem Schlafe fuhr und das Hasenpanier ergriff. - Als die Alte das flüchtige Tier erblickte, glaubte sie, es sei aus dem Ei gekommen und rief: »Päärd! Päärd! Kennste dine Mutter nich?« Seitdem neckt man die Warnstedter gern mit dem »Pärei«, d.h. man nennt sie Päreier. *(aufgeschrieben nach H. Haase)*

Wie die Ditfurter zu ihrem Namen »Jälbeine« kamen (Gelbbeine): Sie mußten früher einer Quedlinburgcr Aebtissin viele Schock Eier zu einem bestimmten Tage liefern. Als sie nicht alle auf dem Wagen Platz fanden, kam ein Schlauer auf den Gedanken: »Lat uns de Eier op'n Wa'n erstemal orntlich festetrampeln, denne krie't wei de annern ok noch drop.« Das geschah . . . Daher die »Jälbeine«.

Wenn es regnet, tröstet einer den andern: »Wei maken't wie de Ditfurter«. Fragt nun ein Neugieriger: »Wie makcn' denn dä?«, so bekommt er zur Antwort: »Da lat et rän'n, opn Fahrweg mehr, wie op'n Fautweg.«

In Frose nennt man eine recht voll eingegossene Kaffeetasse »eine Ditfurter«.

Wie die Hüttenröder zu dem Namen »Stumpeldumen« kamen, ist aus einer alten Sage ersichtlich, die Pröhle unter der Überschrift bringt: »Die braunschweig-hannoverische Grenze zwischen Elbingerode und Hüttenrode«. Ein Schweinehirt hütete die Schweine im Schwefeltale beim Rübelande; dabei wühlte eine Sau die oberste Seite einer Glocke bloß, die in der Erde verborgen war. Der Schweinehirt machte Anzeige von der Glocke, und da diese gerade auf der Grenze von Elbingerode und Hüttenrode lag, so kamen Elbingeröder und Hüttenröder darüber in Streit. Sie machten aus, wer am nächsten Morgen zuerst an Ort und Stelle wäre, solle die Glocke haben. Die Hüttenröder machten sich gegen die getroffene Abrede schon vor Mitternacht auf. Als sie die Glocke geladen hatten, hörten sie die Elbingeröder von ferne kommen. Schnell jagten sie davon und verloren unterwegs den Lenz von der Achse. Da steckte ein Hüttenröder schnell den Finger vor, und das Rad schlug ihm den Finger ab. Darum heißen die Hüttenröder jetzt noch »Stummelfinger« oder „Stumpeldumen" und »Klockendeif«. Sie behaupten aber, daß die Elbingeröder zu spät nach Mitternacht ausgefahren wären und darum heißen die Elbingeröder »Langeschläfer«.

Das Rezept

Karl Zobber hatte eine Tischlerei im Wurmtal Nummer 30. Es war in den 1930ger Jahren als er eine Tür tischlerte und diese dann auf dem Werktisch lackierte. Danach ging er in den Nebenraum um andere Arbeiten auszuführen. Seine Frau Hedwig kam herein und sagte; „Ich komme gerade mit der Oma vom Arzt, du musst unbedingt morgen früh in die Apotheke nach Quedlinburg gehen und das Rezept einlösen. Ich habe es auf deinen Werktisch gelegt." „Geht klar.", meinte Karl.
Am nächsten Tag ging er früh in die Werkstatt, um das Rezept zu holen. Seine Frau hatte es aber auf die frisch lackierte Tür gelegt.

Das Papier hatte den Lack aufgesogen und war jetzt fest mit der Tür verbunden. Was nun tun? Hedwig noch einmal zum Arzt schicken und dann das Gezeter aushalten? Kurz entschlossen lud er die Tür auf den Pferdewagen und fuhr nach Quedlinburg. - Er ging in die Adlerapotheke und fragte den Apotheker Druckrey: „Herr Doktor, es gibt doch eine ärztliche Schweigepflicht, gilt die auch für Apotheker?" - „Selbstverständlich" war die Antwort. „Na dann versprechen sie mal, nicht zu lachen und kommen Sie mal mit raus."
Beide gingen nach draußen und Karl zeigte das Rezept auf der Tür. Der Apotheker lachte nicht, aber setzte ein breites Grinsen auf. Karl erhielt seine Medizin, fuhr nach Hause, gab sie wortlos seiner Frau und begann den Zettel zu entfernen und die Tür neu zu lackieren.

Den Seinen gibt's der Herr im Schlaf

*I*m Dorfe Stecklenberg bei Suderode arbeitete einmal ein Knecht bei einem Bauern, der so faul war, dass er gerne den ganzen Tag im Bett gelegen hätte. Er konnte gut zu sehen, wenn die übrigen Knechte am frühen Morgen zur Arbeit aufs Feld fuhren, wenn man ihn nur ungestört liest.

Eines Tages, am frühen Morgen, hörte der faule Knecht wieder - wie so oft-, dass seine Kollegen die Pferde putzten, sie vor den Wagen spannten und vom Hofe fuhren. Ihn störte das gar nicht weiter. Froh, dass man sein Fernbleiben nicht besonders bemerkt hatte, legte er sich auf die linke Seite und schlief weiter. - Als nun die übrigen Knechte den Berg nach Suderode hinaufgezogen, fanden sie im Graben einen alten Topf, der ganz mit gelben Molchen angefüllt war. Einer der lustigen Knechte rief: „Den Topf trage ich jetzt flugs zurück und stelle ihn unserem faulen Kameraden ins Bett. Wenn die feuchten kalten Molche ihm dann auf dem Leib herumkriechen, wird er wohl munter werden!" Gesagt-getan. Bald kam der, der den Topf zurück in die Knechts Kammer getragen hatte, lachend zu seinen Kameraden zurück und rief:

„Wetten, dass unser fauler Kamerad in einer Stunde bei uns ist? Ich glaube, die ekligen Tierchen werden ihm schnell das Bett verleiden!" Doch, wer nicht kam, war Konrad. Als er sich auch zur Mittagszeit nicht an der Arbeitsstelle sehen ließ, ging einer der Knechte zurück nach Stecklenberg. In der Knecht Stube angekommen, traute er seinen Augen nicht! Konrad saß, nur mit einem Hemde bekleidet, auf dem Bettrand und … zählte langsam und bedächtig goldene Dukaten! Die Molche hatten sich in der Bettwärme nämlich in harte Goldstücke verwandelt. Wirklich: „Den Seinen gibt's der Herr im Schlaf!"
(aufgeschrieben nach Schrader 1940)

Gut erkannt

Nach dem Krieg ging Hugo M. aus Stecklenberg einmal mit seinem kleinen Sohn in Quedlinburg über den Markt, als ihnen ein dunkelhäutiger Afrikaner entgegen kam. Der Kleine hatte so etwas noch nie gesehen und rief aufgeregt: „Papa, Papa guck mal ein Neger." Der Vater antwortete gelassen: „Ich weiß, man sieht es ihm an."

Der Scherenschleifer & sein Hund

Einmal im Jahr kam früher ein Scherenschleifer mit seinem offenen Wagen nach Stecklenberg. Er läutete laut seine Glocke, dann brachten die Leute ihrer Scheren und Messer zum Schärfen zu ihm, um sie nach ein paar Stunden wieder abzuholen. Das war bis in die 1960er Jahre üblich. Oma Bernd erzählte einmal die Geschichte von einem Scherenschleifer, die sie von ihrem Onkel Max Rink erfahren hatte, als sie selbst noch ein Kind war:
Es muss also weit vor 1900 gewesen sein, als der Scherenschleifer mit seinem Wagen von Neinstedt nach Stecklenberg ging. Der kleine Wagen wurde von einem großen Hund gezogen.

An der Knüppelbrücke überholte sie der junge Dippe auf einem Pferd. Er war der jüngste Sohn des reichen Saatgut-Fabrikanten aus Quedlinburg und hatte einige Anpflanzungen zu begutachten. Angezogen war er wie ein Geck, auch ging das Gerücht, dass er nicht die hellste Kerze auf Papas Geburtstagstorte war. Doch wenn man genügend Geld hat, kann man auch die Nase hochtragen.

Wie sie sich also begegneten, spottete Jungdippe über den Hund: „Er hat ja ein feines Pferdchen dabei, war bestimmt recht teuer." Der Scherenschleifer war auch nicht auf den Mund gefallen und sagte: „Der Hund ist so viel wert, wie fünf von euren Gäulen." - „Wie denn das? Ist es vielleicht ein verzauberter Araberhengst?" - „Das nicht, der ist ein Bordercolli aus Engeland, aber für fünf Pferde gebe ich ihn nicht her." - „Dann kann er wohl Künste, die kein anderer kann." - „Ja, aber mit Stöckchen holen hat er nichts im Sinn, er kann mehr." Neugierig geworden fragte jung Dippe: „Na was denn?" - „Er kann sprechen!" - „Haha, das kann er mir nicht erzählen, aber ich reite jetzt in den „Grünen Wald" zum Mittagessen und bestelle euer Essen gleich mit, und wenn der Hund tatsächlich reden kann, bezahle ich alles, sonst ihr!" sagte er mit einem breiten Grinsen und kam sich sehr klug vor. - „Die Wette gilt" rief ihm der Scherenschleifer nach.

Etwas später kam auch der Scherenschleifer im „Grünen Wald" an, setzte sich zu Dippe an den Tisch und sagte zu seinem Hund: „Hattson, geh in die Küche und bestelle das Essen" und wies dabei mit dem Arm zur Küchentür. Deutlich war ein Ja zu hören und der Hund ging durch die Küchentür und kehrte im selben Moment mit dem Wirt zurück, der das gehört hatte: „Schweinebraten gibt es heute und der Hund hat sich eine Wurst bestellt." - „Ja, bringe er uns das" sagte der Scherenschleifer.

Jungdippe fielen bald die Augen aus dem Kopf. Der Wirt brachte zwei Essen und eine Wurst. Der Scherenschleifer gab dem Hund die Wurst und fragte: „Schmeckt es?" „Ja" kam sogleich mit knurrendem Ton die Antwort vom Hund. Der Scherenschleifer saß mit dem Rücken zum Schanktisch und fragte den Hund: „Was macht der Wirt?" „Füllt Bier ein" war die Antwort.

15

Jetzt war Dippe begeistert: „Den Hund muss ich haben, was kostet der?" - „Der ist unverkäuflich, auch nicht für 100 Taler, das hat mich so viel Mühe gekostet, ihm das beizubringen, jetzt üben wir gerade lesen." - „Wie? Was? Lesen?" - „Ja, lesen!" er holte ein kleines Heftchen aus einer Brusttasche und hielt es dem Hund vor die Nase „Lies mal!" - Mit rauer Stimme las der Hund: „Mama im Haus. Oma im Garten." - „Sehr viel kann er noch nicht, aber nach einem halben Jahr ist das schon ganz schön." – „Den Hund muss ich haben, koste es was es wolle, sagte sich Dippe." - Aber der Scherenschleifer lehnte immer wieder ab, bestellte sich noch einmal den Schweinebraten und für seinen Hund noch eine Wurst, dann noch einen Krug Bier und schließlich als ihm Dippe tatsächlich hundert Taler zahlen wollte, verabredeten sie, dass er erst die Ausbildung des Hundes vollenden solle und dann könne er den Hund verkaufen. Sie wollten sich hier wieder in einem halben Jahr treffen. Dippe bezahlte den Wirt und ritt fort. Der Scherenschlei-fer ging zu seinem Wagen, bimmelt laut und begann mit sei-ner Arbeit. Als Jung-dippe in der anderen Woche wieder zum Mittagessen im Grü-nen Wald einkehrte, begann er von dem klugen Hund zu schwärmen. Der Wirt hinter seinem Schanktisch bekam einen Lach- und Hustenanfall …

und als er, kurzatmig wie er war, wieder reden konnte und sich dabei die Tränen aus dem Augen wischte, sagt er nur: „Unser Scherenschleifer ist ein lustiger Kauz und zudem ist er auch noch ein Bauchredner und ein Hund kann eben nicht sprechen, wie jeder kluge Mann weiß." Dippe kam nicht wieder zum Mittagessen, aber die Geschichte hat der Wirt noch lange seinen Gästen erzählt.

Der beraubte Räuber

Die drangsalierten Einwohner in der Umgebung des Harzes erhoben sich 1624 und begannen mit einem Guerillakrieg gegen die Söldner der durchziehenden Heere. Man nannte sie Harzschützen. Erfolgreich vernichteten sie kleinere Trupps von Soldaten oder fügten durchziehenden größeren Trupps erhebliche Verluste zu, indem sie aus dem Hinterhalt schossen und sich sofort in die Wälder zurückzogen. - Im Laufe der Zeit schlossen sich ihnen auch unredliche Gesellen an. Gegen Ende des Jahrzehnts hatten die Harzschützen teilweise den Ruf von Räubern. Unter dem Druck der Obrigkeit lösten sie sich auf, viele von ihnen fielen im Kampf oder wurden wegen Räubereien hingerichtet.

Johannes aus Quedlinburg hatte an den Kämpfen als Harzschütz, aber nicht an Untaten teilgenommen, daher galt er als redlich. Er bekam den Auftrag, eine Börse Münzen nach Stolberg zur Unterstützung der dortigen Kameraden zu bringen. Da er die unsichere Heerstraße über Suderode nicht benutzen wollte, führte ihn sein Weg über Stecklenberg durch das Wurmtal. Kaum hatte er die Höhe erklommen, als er oberhalb der Sommerklippen an den Leibklippen einen verdächtigen Reiter sah. Schnell sprang er ins Dickicht, kletterte die Winterklippen empor und versteckte sich für einige Stunden in einer Höhle. Dort ließ er auch das Geld zurück. Als er meinte, die Luft wäre rein, lief er über den Kronsbeerberg weiter. Plötzlich tauchte der Reiter wieder hinter ihm auf, der ihm aufgelauert hatte und ihn mit vorgehaltener Steinschlosspistole zum Stehenbleiben zwang.

Der Reiter war maskiert und forderte sogleich die Börse von Hannes. Der bestritt, Geld bei sich zu haben, doch der Reiter schien genau zu wissen, was er wollte. So musste Hannes nach und nach seine Kleidung ablegen, bis er in Unterhosen dastand. Der Reiter zielte auf Hannes und sagte, wenn er nicht sogleich das Geld geben würde, wäre er ein toter Mann. Da gab Hannes zu, dass er eine Börse gehabt habe hätte sie aber beim Anblick des Reiters schnell in das Gebüsch ein paar Schritte weiter geworfen. Der Reiter zielte weiter auf Hannes, stieg ab und ging ein paar Schritte zum Gebüsch. Als er sich, das Gesicht kurz abgewandt, über das Gebüsch beugte, sprang Hannes bäuchlings auf das Pferd. Der Räuber schoss, doch Hannes lag geduckt und die Kugel flog über ihn hinweg. Durch den Schuss ging das Pferd mit Hannes durch, der sich krampfhaft festhielt. Der fluchende Räuber blieb zurück.

Hannes ritt hinunter zur Stecklenburg. Dort pochte er atemlos an das Tor, bis man ihm aufmachte. Er berichtete von seinem Erlebnis. Daraufhin untersuchte man die Satteltaschen des Pferdes und fand einige Geldbörsen. Der Räuber musste auch andere überfallen und vielleicht sogar umgebracht haben. Dass Hannes selbst mit einer Börse unterwegs gewesen war, erzählte er nicht. Man gab ihm Kleider und sogleich machten sich fünf Bewaffnete mit ihm auf den Weg, um den Räuber zu fangen. Sie suchten bis zur Dunkelheit, doch der Räuber war längst über alle Berge geflohen. Hannes durfte auf der Stecklenburg übernachten. Die Burgherrin überließ ihm am nächsten Tag das Pferd und einige Geldstücke als Entschädigung für den erlittenen Schrecken. Den größten Teil der gefunden Börsen behielt sie und gab an, sich in Quedlinburg nach eventuellen Opfern erkundigen zu wollen, um ihnen das Geld zurückzugeben. - Hannes ritt davon, holte die Börse aus den Winterklippen ab und kam glücklich in Stolberg an, um sie zu übergeben. Das gute Reitpferd hat er in Quedlinburg gegen gute Taler getauscht.

Der Brief

Z wischen den Weltkriegen bemühte man sich um die Gesundheit der Kinder. In der Kinderlandverschickung konnten Kinder einige Wochen Ferien in anderen Gebieten machen. - Der kleine Karl Müller durfte auch fahren und seine Mutter ermahnte ihn, dass er doch gleich einen Brief schreiben sollte, wenn er angekommen wäre.

Einige Tage später kam ein Brief in der Poststelle Stecklenberg an mit der Adresse „An meine liebe Mutter in Stecklenberg". Der Briefträger wusste mit diesem Brief nichts anzufangen und so blieb er einige Tage liegen. Dann kam Frau Müller zur Post und fragte: „Ist denn nicht endlich ein Brief von meinem lieben Sohn eingetroffen?". Da wusste der Briefträger Bescheid und sie erhielt Ihren Brief.

Ein Geschenk

V ater Krause aß gerne Schweinekopf. Als er wieder einmal Geburtstag hatte, beschlossen seine drei Söhne ihm einen gebratenen Schweinekopf zu schenken. Heimlich kauften sie einen, die Mutter bereitete ihn heimlich zu und die Kinder schmückten ihn. - Als zur Feier die Gäste in der guten Stube beisammen saßen, brachten die Söhne stolz den geschmückten Schweinekopf auf einem großen Tablett in die Stube. Im Maul hatte er einen Zettel „Unser lieber Vater". Das Gelächter hielt lange an.

Der Abschiedskuss

L udwig T. war als Schürzenjäger bekannt. Einmal hielten sich in der Gemeindebibliothek zwei junge Mädchen auf, die ein paar Tage in Steckelenberg als Sommergäste verbrachten. Sie liehen sich einige Bücher aus und eins der Mädchen sagte zum Schluss: „Ich möchte auch noch *Den Abschiedskuss*".

„Wirklich?" sagte Ludwig. Erstaunt drehte sich das Mädchen um und sagte „ja" und im selben Moment küsste er sie heftig. Lachend lief er hinaus, dieser Spaß war ihm die Ohrfeige, die er bekommen hatte, wert gewesen.

Der Korporal

Walter Meyer aus Stecklenberg hatte im Deutsch Französischen Krieg am 18. August 1870 bei Mars-La Tour den Todesritt als Gefreiter bei den Zieten-Husaren mit geritten und dabei einen Arm eingebüßt. Der Sieg wurde berühmt, die Hälfte der Kameraden waren gefallen.

Nach seiner Genesung wurde er wegen Tapferkeit zum Korporal ernannt und entlassen. Wieder zu Hause fragten die Kinder: „Nicht wahr Vater, wir sind jetzt alle Korporale, dürfen wir noch mit Müllers Kindern spielen?" - „Haltet's Maul!" schalt die Mutter, „hier im Hause bin nur ich Korporal."

Walter Meyer wurde unter großen Ehren am 6. Mai 1929 in Stecklenberg beerdigt. Die Zeitung schrieb:

„Auf Anruf der Traditionseskadron der Zieten-Husaren in Rathenow waren bereitwilligst ein Unteroffizier und zwei Mann mit großem Lorbeerkranz mit Schleife in Farben des Regiments hier anwesend. Der hiesige kleine Krieger- und Landwehrverein hatte eine Gewehrabteilung aufgestellt, so konnte die Beerdigung mit allen kriegerischen Ehrenerweisungen stattfinden. Nach dem der tote Körper in die Gruft gelassen und eingesegnet war, spielte die Musik "Ich hatte einen Kameraden". Die Fahne senkte sich zum Gruß und drei Salven rollten über das offene Grab.“

Koks

Koks war zu DDR Zeiten ein gern getrunkener Schnaps aus 4 cl Weinbrand oder Rum + 1 Stück Würfelzucker + 3 Kaffeebohnen in einem Schnapsglas serviert und im Mund zerkaut. Kam ein Gast in den Waldfrieden: „Jünter jib mir mal ‚n Koks“. - „Koks is aus“ - „Warum das?“ - „Hab keine Kaffeebohnen!“ - „Dann jib mir‚n Koks ohne Kaffee!“

Der Echomann

Früher stand auf der Rosstrappe ein Mann, der für einen Groschen seine Pistolen abfeuerte, so dass die Gäste das siebenfache Echo im Bodetal hören konnten. Auch unten gegenüber dem Waldkater stand jemand und feuerte in die Schallhöhle. - Das gefiel einem Sommergast in Stecklenberg. Er kaufte sich in Thale eine Knallpistole und immer, wenn er an einem schönen Platz war oder auf einer Klippe stand, ließ er ein oder mehrere Schüsse fallen und freute sich am Echo. Im Ort nannte man ihn den Echomann.

Dem Förster war das gar nicht recht, denn auf jeder seiner Wald- und Bergwanderungen verknallte der Echomann ein Dutzend Knallpatronen zum Schrecken des Wildes. Die pflichtbewussten Jäger rannten sich todmüde, so oft sie einen Schuss im Walde hörten und wenn sie dann anstelle des vermeintlichen Wilddiebes den Echomann mit seinem Revolver fanden, blieb ihnen nichts anderes übrig, als sich durch gesunde Grobheiten für ihre Plage zu entschädigen. Auch vom Förster erhielt der Echomann deshalb eine scharfe Verwarnung.

Der Echoerzeuger auf der Rossisfalpe

Einige Zeit verging. Als er zum Abschluss seiner Ferien die groben Jäger nun erst recht ärgern wollte, verknallte er auf den Bergen gegen Abend die doppelte Anzahl von Patronen. Dabei hat er nicht gemerkt, wie ein schweres Gewitter aufzog. Im Nu goss es aus allen Kannen. Er fand Unterschlupf in einer leeren Köhlerhütte. Stunde um Stunde vergingen, aber das Strömen und Gießen wollte kein Ende nehmen. Immer wenn es nachließ und unseren Helden der Hunger nach Hause trieb, begann es wieder stärker zu gießen und hielt ihn in dem Bedenken zurück, dass seine schöne neue Lederhose in üblen Zustand aus so großer Wäsche hervorgehen möchte.

Als es schließlich dunkel wurde, ließ auch der Regen nach. In seiner Freude über die endgültige Erlösung feuerte er noch zwei Schüsse ab, dann drehte er sich zum Heimweg. Kaum war er aber 10 Schritte gegangen, als er näherkommende Schritte und halblaute Stimmen hörte: "Gewiss ist es wieder dieser Echomann, aber der kann etwas erleben." Schnell versteckte er sich wieder in der Köte. "Es könnte aber auch der Wilderer gewesen sein, dann sollten wir als erste schießen". Der Echomann erblasste. Er hörte, wie sie von den aufgefundenen Fußspuren sprachen und wie sie beschlossen vor der Hütte dem Lumpen aufzulauern. Mit ängstlicher Stimme rief er seine Wächter an und als er den Flintenhahn knacken hörte, stotterte er schnell seinen Namen.

„Wir glauben das nicht, du bist sicher ein Wilddieb", riefen die Jäger, „mach ein Licht an, damit wir dich sehen, sonst schießen wir hinein." Zitternd kramte der Echomann ein Streichholz hervor, brach es ab, brachte ein zweites zum Brennen und hielt es vor sein Gesicht. Jetzt durfte er herauskommen und sich das Geschimpfe der Jäger anhören. Inzwischen war es stockdunkle Nacht geworden und er bat die Jäger kleinlaut, ob sie ihn denn nicht für einen Taler nach Hause bringen wollten. Die Jäger wollten. Er sollte sich am Wettermantel seines Führers festhalten und nicht loslassen, denn hier wären steile Felsen und Abgründe im Wurmtal, da könnte man sich leicht den Hals brechen. So ging es über Stock und Stein. Der Wurmbach war vom Gewitterguss angeschwollen und rauschte stark. Einer der Führer meinte, er würde jetzt etwas vor gehen. Plötzlich vernahmen die beiden Letzten ein kurzes Poltern, einen klatschenden Fall, einen Mark erschütternden Schrei und dann war nur noch das Rauschen des Baches zu hören. „Um Gottes Willen" sagte der Jäger „mein armer Kamerad. Du setzt dich jetzt unter diesen Baum. Nimm meinen Mantel um dich und rühr dich nicht vom Fleck, bis ich wiederkomme, sonst bist du auch des Todes." Gehorsam setzte sich der Echomann unter den Baum und wickelte sich frierend in den Mantel ein. Der zweite Jäger kam auch nicht zurück. Nach Stunden schlief der Echomann endlich ein.

Plötzlich rüttelte jemand an seiner Schulter. Ein duftender Kaffee wurde unter seine Nase gehalten. Wie er auf blickte, erkannte er die Maria, die Bedienung vom Waldfrieden und als er aufstand, sah er, dass er im Garten des Waldfrieden übernachtet hatte. - In der Wirtsstube saßen die beiden Jäger und ließen sich lachend ein üppiges Frühstück für einen Taler schmecken. Den Echomann hat in den anderen Jahren niemand mehr in Stecklenberg gesehen.

Der erste Fernseher

Ab 1955 war es auch in Stecklenberg möglich, ein DDR-Fernsehprogramm zu empfangen. Da man mit dem Gerät auch West-Fernsehen konnte, bemühte sich ab 1960 zunehmend jeder Haushalt um ein Gerät. Die ersten Geräte hatten einen recht kleinen Bildschirm und natürlich nur Schwarz-Weiß. Nach dem Einschalten dauert es ein paar Minuten, bis ein Bild erschienen. Mit dem Trommelkanalwähler konnte man von Kanal 6 Ost - klack klack klack klack- auf Kanal 10 West schalten. Auf den Dächern waren große Antennen installiert, um Westfernsehen in akzeptabler Qualität sehen zu können. In der Nähe des Fernsehers wurde das Flachbandkabel mit einem Stück Silberpapier umwickelt, das hin und her geschoben die Bildqualität insbesondere Doppelbilder verbessern sollte.

Als 1963 das ZDF startete und 1969 DDR Zwei war der Empfang nicht mehr so einfach möglich. Nach 1970 kamen auch „Buntfernseher" auf. Bunt wäre auch heute noch der richtige Begriff, denn Schwarz und Weiß sind auch Farben allerdings unbunte. Die DDR Farbfernseher hatten allerdings in den ersten Jahren nur das Secam-System eingebaut, das PAL-Westfernsehen konnte man nur Schwarz-Weiß sehen. - Der Rundfunk- und Fernseh-Empfang in Stecklenberg ist durch die Tallage schlecht, in manchen Teilen des Ortes fast unmöglich. Damals sah man DDR Fernsehen 1 und 2, sowie Westfernsehen ARD, ZDF und NDR also 5 mögliche Programme.

Es wurde eine gemeinsame Anlage für den Ort mit erhöhtem Antennenstandort geplant. Die Nutzung eines Grundstücks neben der Stecklenburg wurde durch die Kirche gestattet. Die Frage bei der Gemeindeverwaltung, ob hier der Hauptverstärker sitzen könne, wurde abgelehnt, weil man Bedenken wegen der Förderung des Westfernsehens hatte. Der Pastor gestattete die Installation auf dem Kirchenboden. Daraufhin sagte der Bürgermeister: „Das geht schon gar nicht, dann schon lieber auf dem Gemeindeboden." Es wurde ein Gittermast an der Stecklenburg einbetoniert und Zuleitungen geschachtet. Viele Stecklenberger beteiligten sich. Harry Thomas war Hauptinitiator. Im Ort wurden Antennen-Freileitungen verlegt und Verstärker gesetzt, nach 1993 kamen die Leitungen unter die Erde. Angeschlossen waren alle Häuser der Hauptstraße vom Ortsausgang nach Neinstedt bis in das Wurmtal, nicht aber Winkel und Suderöder Straße. Am 21.5.1978 war Einweihung des neuen Mastes auf der Stecklenburg. - Nach 1990 vergrößerte sich die Zahl der Fernsehprogramme zusehends. Viele Stecklenberger schafften Satellitenschüsseln an.

Familie Lorenz hatte wohl den ersten Fernseher um 1958. Jeden Sonntagnachmittag saßen die ganze Familie und oft auch Freunde und Nachbarn gebannt vor dem kleinen Bildschirm, wenn das Programm begann. Der ältere Herr Georg Lorenz hatte rechtzeitig das Kaffeewasser aufgesetzt, doch jeden Sonntag kochte das Wasser über, da er es beim angespannten fernsehen vergaß. Damals gab es noch eine kleine überschaubare Teilnehmerzahl am Fernsehen. Also schrieb einer der Familienmitglieder an den Fernsehfunk wegen des Kaffeewassers. Am nächsten Sonntag um 16 Uhr sagte der Sprecher im Fernsehen: „Und nun eine wichtige Meldung für Herrn Georg Lorenz: Das Kaffeewasser ist fertig!" - Georg erstarrte kurz mit offenem Mund, dann sprang er auf, rannte in die Küche, wo das Wasser tatsächlich überkochte, um den Kaffee fertig zu machen. Als er mit dem Kaffee aus der Küche kam, meinte er immer noch verwundert: „Die können uns wohl durch den Fernseher genauso sehen, wie wir sie?"

25

Der Fortschritt „Fernsehen" hatte auch in Stecklenberg große Auswirkungen auf das Dorfleben. Saßen früher die Leute zum Feierabend oft in den Lauben an der Straße oder auf der Bank vor dem Haus und unterhielten sich mit den Vorübergehenden, so verschwanden immer mehr Lauben und Bänke und die Leute saßen in ihren Stuben. So ist es nicht verwunderlich, wenn man neu Zugezogene kaum kennt.

Der Gendarmenpfennig

G ustav Sterz war in Stecklenberg Polizist zu Kaisers Zeiten. Viel später hießen solche Leute ABV also Abschnitts-bevollmächtigter und wurden auch scherzhaft Dorfsheriff genannt. Einem guten Tropfen war Gustav nie abgeneigt. Oft spielte er mit Doktor Otto aus Thale und Bäcker Becker aus Stecklenberg Skat im Waldfrieden.

Einmal wollte er danach noch volltrunken einen Rundgang machen, verlief sich aber im Dunkeln im Wald und kam in Friedrichsbrunn heraus. Man brachte ihn wieder nach Hause, aber er hatte seine Polizei-Insignien verloren.

Irgendwo waren Helm, Koppel und Säbel liegen geblieben. Auch das war kein Problem, die Leute wussten, wem es gehörte und einen Tag später war wieder alles wohlbehalten am Mann, ohne dass die Vorgesetzten davon Kenntnis bekamen. Dafür war er auch als gutmütig bekannt und kam mit allen gut aus. Nur einmal hat er jemanden verhaftet und in das kleine Gefängnis im Winkel Nummer 12 gesperrt, wo seine Dienstwohnung im Gemeindehaus war.

Wenn er seinen täglich Rundgang beendet hatte, ging er zum Schluss meist in die bekannte Gaststätte zum Waldfrieden, vielleicht auch manchmal ins "Zum Wurmtal" nebenan (jetzt Kultursaal) oder ins Gebirgshotel (jetzt Altersheim) oder in eine andere Gaststätte in Stecklenberg. Auf jeden Fall auch in den "Zum Grünen Wald" (jetzt Feuerwehr), dann kam Bäcker Becker von nebenan in seiner Bäcker-tracht mit Schürze auch zum Feierabendschnäpschen dazu. Dort erkundigte sich Gustav sorgfältig „Ob denn alles in Ordnung wäre" und wenn es dann wie immer alles in Ordnung war, bestellte er sich einen Schnaps. Nach einem Schwätzchen griff er dann umständlich in die obere Brusttasche seiner Uniform und holte ein silbernes Markstück zum Bezahlen hervor. Worauf dann der Wirt immer sagt: „Lat man, Justav, dat jeet hüt ufs Huus" und Gustav erleichtert die Mark wieder einsteckte.

Mit der Zeit war das Geldstück so abgegriffen, dass man die Zahl und das Adlerwappen kaum noch erkennen konnte. Das nannte man einen Gendarmenpfennig.

Der Glockenstein

Die Gettwerth's waren in Halberstadt eine alteingesessene Glockengießerfamilie. Noch heute stammen viele Kirchenglocken der Umgebung aus ihrer Werkstatt. Einer der Söhne war Johann Georg, von allen Hannes genannt.

Als junger Mann von den Preußen eingezogen, musste er im Krieg dienen und kam wohl erst 1763 nach Hause zurück. Dort hatte er viel zu erzählen, von seinen Abenteuern und manchmal schnitt er auch ein bisschen auf. Besonders interessierte sich seine Familie natürlich für die Glocken, die er in anderen Ländern gesehen hatte.

Stolz war man in Halberstadt und in der Glockengießer-Familie auf die große Feuerglocke von 1511, die im Turm von St. Martini hing und gewaltige Sechzehn-Tausend Pfund wog. (Der damalige Meister Heinrich von Kampen soll sogar einer der Vorfahren der Gettwerth's gewesen sein, jedenfalls erzählte man sich das in der Familie immer wieder.)

Doch wenn die Familie von „Hinrichs groter Fueerklock" sprach, fand Hannes eine, die er noch größer gesehen hatte. So war er in der Festung Petersberg stationiert gewesen und hatte die Gloriosa in Erfurt besucht, und die hätte mehr als 24.000 Pfund. Wenn Sie vom schönen gis-Ton ihrer Glocke in Halberstadt schwärmten, so fand er, dass die Pretiosa in Köln zwar nur 20.000 Pfund hätte, aber einen wundervollen G-Klang.

Das wurde dem Vater dann doch zu bunt, und als einmal Stille im Raum war, sagte er: „Aber die größte und schwerste Glocke, die es gibt, die kennt mein weltgewandter Sohn nicht, denn das ist ein großes Geheimnis". Das wollte nun Hannes genau wissen, doch der Vater zierte sich und meinte, nur wer Meister oder Geselle ist, dürfe dieses Geheimnis wissen und dürfte es keinem anderen erzählen.

Es dauerte noch fast ein Jahr, da hatte auch Hannes ausgelernt und wurde Geselle und wollte nun dieses Geheimnis erfahren.

Da erzählte ihm sein Vater von dem versunkenen Ort mitten im Harz und der verschwundenen Kirche und nur die riesige Glocke läge noch mitten im Wald. Sogleich wollte Hannes wissen, wo das denn sei. Das wäre nicht leicht zu finden, aber weil Hannes so ein tüchtiger Geselle geworden war, wollen sie ihm alle die Ehre erweisen am Sonntag zu der Glocke zu gehen um mit ihm dort sein Gesellentum zu feiern, nur müsste er, wie es Sitte sei, das Essen und Trinken für alle dort mit hintragen. Gern willigte Hannes ein.

Und so gingen sie am Sonntag bei Sonnenaufgang vor die Stadttore und immer weiter nach Quedlinburg. Da war Hannes noch wohlgemut. Hinter Weddersleben war ein schmaler Stieg über die Bode, den man nur allein gehen konnte. Auch das bewältigt Hannes mit seiner schweren Kiepe. Weiter ging es bei Stecklenberg die Berge hinauf. Eine alte vergessene Heerstraße wand sich steil in vielen Schleifen. Jetzt trat dem Hannes der Schweiß aus allen Poren, wollte denn dieser verfluchte Berg nie ein Ende haben?

Die Mittagszeit war schon überschritten, als sich alle vor einen großen Stein setzten. Der Meister meinte, hier könne man ruhig essen und trinken. Das war dem Hannes recht, denn seine Beine zitterten schon. Als er gegessen und getrunken hatte, siegte wieder die Neugier und er fragte, wie weit es denn noch wäre bis zu dieser verwunschenen Glocke. Doch die anderen saßen da und lachten. Hannes stand auf und ging hin und her. Plötzlich sah er in den großen Stein eine Glocke eingeritzt und der Meister und die Gesellen brachen in schallendes Gelächter aus. Verdutzt schaute Hannes, dann durchschaut er den Spaß und lachte mit. Sie saßen am Glockenstein noch lange und erzählten und zechten.

Hannes hat nicht wieder mit fremden Glocken geprahlt. Er ist selbst ein tüchtiger Meister geworden. So steht an der schönen Kirchenglocke in Stecklenberg bis heute:

1796 GOSS MICH
J. G. GETTWERTH IN HALBERSTADT.

Der Holzdieb

Nach 1945 kamen sehr viele Umsiedler aus den deutschen Ostgebieten auch nach Stecklenberg. Die meisten kamen aus den Sudeten oder aus Schlesien. Sie hatten alles verloren, doch wurden die Neuankömmlinge nicht immer freundlich aufgenommen. Viele Einwohner mussten Zimmer zur Verfügung stellen, damit die Umsiedler eine Unterkunft hatten. Bei Familie M. wohnte im Obergeschoss eine Familie aus Schlesien. Die Schlesier konnte man leicht an ihrem markanten Akzent erkennen. Als es Winter wurde, bemerkte Herr M. dass sein Brennholzstapel im Garten deutlich schneller abnahm, als in den anderen Jahren. Er vermutete einen Dieb, doch trotz verstärkter Aufmerksamkeit konnte er keinen entdecken. Damals waren die Wälder voll mit herumliegenden Waffen und Munition. Herr M. brachte eine Karabinerpatrone aus dem Wald mit nach Hause. Er bohrte einen Holzscheit an und versteckte die Patrone darin. Dann legte er dieses Holzscheit oben auf den Brennholzhaufen. Natürlich hatte er es markiert, damit er es nicht aus Versehen selbst nähme.

Ein paar Tage passierte gar nichts, doch dann gab es im Obergeschoss einen lauten Knall. Der Dieb war erwischt, aber der Ofen war auch kaputt und als Vermieter musste er einen neuen besorgen. Man einigte sich, wie in Zukunft geheizt werden sollte. Das war aber nicht einfach, denn zur damaligen Zeit waren die Wälder aufgeräumt. Die Leute hatten schon alles herumliegende Holz als Brennholz abgeholt. Die Zeiten waren schwer, Hunger war allgegenwärtig. Die Lebensmittelmarken reichten nur fürs Überleben. - Die Umsiedler mussten von Null anfangen, man sah auf sie herab. Als meine Eltern 10 Jahre nach dem Kriege heirateten, hieß es, das ist das erste Umsiedlermädchen, was einen einheimischen Bauernsohn geheiratet hat. - Die heutige Jugend kann sich nicht vorstellen, dass ein Leben ohne Mobiltelefon, ohne Internet, ohne 50 Fernsehprogramme und ohne tägliches 2x Duschen möglich war.

Der Nachhauseweg

Karl Walter war ein Umsiedler aus Ostpreußen und lebte nach dem Krieg in Nummer 5. Er war ein eifriger Verehrer des Gambrinus, dem Gott des Bieres. Manchmal, wenn er nach dem Kneipenabend nach Hause ging, sang er noch laut ein Lied. Darüber beschwerten sich einige Leute beim ABV, dem Abschnittsbevollmächtigten R., also dem örtlichen Polizisten, der für mehrere Dörfer zuständig war. Der ABV ließ in den Kneipen verkünden, dass es nicht erlaubt sei, nachts auf der Straße beim Nachhauseweg zu singen.

Wieder einmal ging Karl Walter nach Hause und sang laut, als ihm durch Zufall der ABV entgegenkam. „Herr Walter, sie wissen, dass es verboten ist, auf dem Nachhauseweg zu singen, das kostet 5 Mark." Schlagfertig antwortete Karl: „Ich gehe doch nicht nach Hause", schlug eine andere Richtung ein und ließ den verdutzten Polizisten stehen. - Am nächsten Tag belehrte der Wirt seine Gäste, der ABV wäre da gewesen und ab jetzt ist das Singen nachts verboten, egal wohin man geht.

Karl Walter war ein guter Schnitter und half oft bei Bauer Walbrecht. Wenn er zum Frühstück eingeladen wurde, lehnte er stets ab und sagte: „Ich esse wie ein Hund, nur einmal am Tag und das ist mittags." - Dass er oft so spät in der Nacht nach Hause kam, störte seine Frau Emilia. Einmal spät nach Mitternacht steckte der Hausschlüssel von innen und Karl kam nicht hinein. Er klopfte so lange, bis Emilia aufgestanden war und hinter der Tür stand. „Mich is hubbrich (kalt), lat mich rin." Sie sagte: „Du oller Supkop, schmeiß erst dein Portemonnaie in den Briefschlitz."

Emilia blieb hart und so musste ihr Karl seine Geldbörse übergeben, damit er am nächsten Abend kein Kneipengeld hätte. Wie er nun drinnen war sagte er: „Ich habe dir aber eine Bratwurst mitgebracht, die liegt jetzt in der Tüte neben der Tür draußen."

Also ging Emilia nach draußen, doch in diesem Moment schlug Karl die Tür zu und so musste Emilia im Nachthemd auf die gleiche

Weise die Geldbörse durch den Briefschlitz dem Karl zurückgeben. Gleich gegenüber der Eingangstür zum Waldfrieden fließt der Wurmbach. Immer wenn Karl aus der Kneipe kam, stellte er sich an den Rand des Baches und erleichterte seine Blase. - Mehrfach hatte er zu Günther, dem Wirt gesagt: „Du musst dort unbedingt ein Geländer anbringen, eines Tages passiert noch etwas." Günter versprach es zwar, aber immer kam etwas dazwischen.

Am 10.11.1972 kam früh Emilia zum Wirt, Karl war nachts nicht nach Hause gekommen. Günter ahnte Schlimmes und sah sogleich am Bach nach. Dort lag Karl Walter mit dem Gesicht im flachen Bach und war ertrunken. Er wurde 68 Jahre alt. Die Polizei kam, untersuchte den Fall und erkannte auf einen Unfall. Vom verabredeten Geländer hat Günter nichts ihnen erzählt, nur dem Autor.

Der Rasselbock

Um Stecklenberg herum gibt es seltene Tiere und Pflanzen. Man findet Feuersalamander, Molche, sehr selten auch Kreuzottern, im Sommer fliegen Hirschkäfer, auch Junikäfer, nur Maikäfer sind recht selten geworden. Als gegen die Kirschfruchtfliege noch keine Gifte eingesetzt wurden, waren auch Glühwürmchen häufig. Seltene Orchideenarten und andere Pflanzen, wie das Adonisröschen sind hier zu finden.

Vor langer Zeit wurden Luchs Wolf und Bär im Harz ausgerottet. Luchs und Wolf sind jetzt im Gebiet wieder heimisch. Bären wurde noch nicht wiedergesehen, nur Beeren. Das seltenste von den Tieren ist aber der Rasselbock. Die Unterart Harzer Rasselbock galt lange als ausgestorben. Jetzt wollen einige Jäger Hinweise gefunden haben, dass es ihn noch in der Stecklenberger Gegend gibt. Über die Lebensweise des Rasselbocks ist fast nichts bekannt. Man weiß, er ist extrem scheu, wagt sich aber in der Dämmerung bis an den Ortsrand. Wird er in die Enge getrieben oder kommt man seinen Jungen zu nahe, so wird er extrem aggressiv und soll manchem Unvorsichtigen mit Gehörn und scharfen Zähnen schmerzhafte verwundet haben.

Als der Rasselbock noch nicht unter strengstem Schutz stand, etwa vor 150 Jahren, hat jemand aus Versehen einen Rasselbock erlegt. Der hing dann viele Jahre ausgestopft im Waldfrieden. Es muss Ende der1950er Jahre gewesen sein, als viele Sommergäste im Ort waren. Beliebt war die Gaststätte Waldfrieden. Einmal waren dort drei Damen mitteljungen Alters zu Gast. Da alle Tische ansonsten besetzt waren, durften sie sich mit an den Stammtisch setzen. Man kam ins Gespräch und auf die Frage, was denn das für ein Tier dort an der Wand wäre, bekamen sie die einsilbige Antwort, das wäre ein Rasselbock. Nun war ihre Neugier geweckt und sie fragten weiter nach, aber niemand wollte konkrete Aussagen machen. Der Wirt Günter Baars hatte noch nie einen gesehen, wohl aber manchmal seine Rufe gehört, er kannte aber Männer, die ihn schon oft gesehen hatten. Herbert K. mischte sich ein: "… nun vergiss mal deine Rede nicht, aber bei mir hinterm Haus im Wald ist gerade die Brunft vom Rasselbock im Gange." Das war jetzt hochinteressant für die Besucherinnen und ob man nicht einen zu Gesicht bekäme oder wenigstens die Brunftschreie hören könnte.

„Das ist sehr gefährlich, da müsste man mutige Beschützer dabeihaben und umsonst wären die auch nicht zu haben." Die Frauen ließen sich nicht abschrecken. Jede wollte 5 Mark dazu geben und als das nicht half, auch noch ein Bier anschließend ausgeben. Und so verabredete man sich für den nächsten Abend um 9 Uhr mit den drei Männern vom Stammtisch. Der Wirt ermahnte noch einmal alle zur Vorsicht und er könne leider nicht dabei sein, weil er bedienen müsse. Doch die Männer meinten, sie würden schon aufpassen und Günter hätte nur Angst mitzukommen.

Am nächsten Abend ging man pünktlich um 9 gemeinsam in den Wald. Man pirschte vorsichtig durch verschiedene Dickichte bis es stockdunkel war. Eine der Frauen quiekte, jemand hätte sie wo angefasst. Ein Jemand entschuldigte sich, er wäre gestolpert. So ging es eine Weile. Auf einmal in ganz nächster Nähe ein Brunftschrei, dann ein gefährliches Getöse. Die Männer riefen „Jetzt greift er an, rette sich wer kann, schnell weg, mir nach!" Alle rannten um ihr Leben, eine Frau stürzte, die Strumpfhose war hin. Man erreichte den Waldfrieden, Herbert schlug die Tür hinter allen zu und lehnte sich von innen dagegen. „Uff, überlebt, das mache ich nicht noch mal, wie war denn der?" Die Frauen zitterten am ganzen Leib. Günter brachte für alle Bier und einen Schnaps. Man diskutierte noch den ganzen Abend und jeder hatte etwas anderes gesehen. Der eine die glühenden Augen, der andere hatte schon die Spieße im Rücken gespürt, eine Frau hatte das ebenfalls gespürt, eine andere war sich sicher, das Fell berührt zu haben. Und da der Schreck immer wieder zum Vorschein kam, musste man auch immer wieder eine Runde Bier mit Schnaps trinken, natürlich auf Kosten der Frauen, die die armen Männer zu so etwas Gefährlichem überredet hatten. Günter schmunzelte übers ganze Gesicht „Ich hatte Euch ja gewarnt."

Am nächsten Abend kamen die Frauen wieder, waren noch immer etwas blass im Gesicht und wollten durchaus heute keinen Tropfen mittrinken.

Der Söckchengeher

Willi Zeggel war ein beliebter Mitbürger, der auch gerne mal einen Spaß machte, gern lachte er aber auch über Geschichten, die im selbst passiert waren. - Wenn er manchmal spät abends aus der Gaststätte nach Hause kam, schimpfte ihn seine Frau Elli aus, weil er zu viel Lärm machte. Als er einmal wieder nach Hause ging, wollte er besonders leise sein. 20 m vor seinem Haus war eine Bank an der Bushaltestelle. Dort setzt er sich hin, zog seine Schuhe aus und ging dann ganz leise auf Socken nach Hause. Am nächsten Tag wunderten sich die Leute, die sehr früh mit dem Schichtbus zur Arbeit fuhren, wieso dort ein Paar Schuhe stand und Willi wunderte sich beim Aufstehen, wo denn seine Schuhe abgeblieben wären.

Ein andermal feierte Willi mit seiner Frau auf der Lauenburg. Auf dem Rückweg am steilen Fußweg rutschte seine Frau aus, stürzte den Abhang einige Meter hinunter und blieb dort regungslos liegen. Völlig schockiert setzte sich Willi auf einem Baumstumpf und sagte: „Ick globe, jetzt is se hin." Aber die anderen Mitstreiter kletterten schnell runter und konnten dem erleichtert Willi mitteilen, dass sie doch noch nicht „hin" wäre. Mit Hilfe der Feuerwehr wurde die Frau geborgen und nach einiger Zeit im Krankenhaus war sie wieder voll genesen.

Einmal trafen sie auf dem Heimweg den Dorfscheriff „ich habe doch letztens gesagt, ihr sollt leise sein wenn ihr nach Hause geht." „Wir gehen ja noch nicht nach Hause" war die Antwort.

Der Trabi

Wolfram war stolzer Besitzer eines Trabants. Doch eines Tages passierte ihm ein Missgeschick. Ein Stein flog in die Windschutzscheibe, die in 1000 Splitter zerfiel. Nun war guter Rat teuer. Ersatzteile waren in der DDR rar.

Wolfram erkundigte sich bei den Werkstätten der Umgebung, doch nirgends war eine Windschutzscheibe aufzutreiben. Die Mutter eines Freundes hatte eine Scheibe in Reserve. Wolfram durfte sich diese für drei Tage ausleihen und sollte dann eine neue Scheibe bringen. Auch in drei folgenden Tagen war keine Windschutzscheibe aufzutreiben. Ein weiterer Freund hatte auch eine Windschutzscheibe in Reserve. Die lieh er nun und brachte sie der Mutter des anderen Freundes. Doch nun musste er trotzdem eine Scheibe wiederbeschaffen.

Es verging einige Zeit, als er wieder mit seinem Trabant unterwegs war und an der Straße ein Anhalter stand, der mitgenommen werden wollte. Zu Zeiten der DDR nahmen die Leute meist bereitwillig Anhalter mit. Man unterhielt sich auf der Fahrt und erkundigte sich natürlich wie meist nach dem Beruf und der Arbeitsstelle des anderen, vielleicht konnte das nutzen. Und tatsächlich der Anhalter arbeitete in einer großen KFZ-Werkstatt. In Quedlinburg wurde die staatliche Kfz-Werkstatt am Moorberg auch Mafia genannt, aber im Allgemeinen ging es dort sehr ordentlich zu, im Gegensatz zu einigen privat niedergelassenen Kfz-Werkstätten, wo man nur mit „ordentlicher" Bestechung ordentlich behandelt wurde. Sogleich fragte Wolfram: "Habt ihr Windschutzscheiben für Trabant?" „Haben wir!" Wolfram erzählte seine Geschichte und meinte: "Wenn du mir eine besorgst, fahre ich dich bis nach Hause." „Na dann fahr' mal dorthin, denn ich muss heute auf Arbeit. Aber du kannst keine Windschutzscheibe bekommen, du hast ja eine, das kriegen wir aber hin."

Ein Stückchen vor der Werkstatt ließ der Anhalter stoppen. Er stemmte beide Beine von innen gegen die Windschutzscheibe und drückte sie heraus. Dann wurde die Windschutzscheibe auf den Rücksitz gelegt und mit einer Decke versteckt. Sie verabschiedeten sich, der Anhalter ging auf Arbeit und Wolfram sollte in einer Viertelstunde folgen. - Wolfram fuhr zum Pförtner vor. „Sie wünschen?" – „Wie sie sehen, brauche ich eine neune Windschutzscheibe". " Wir haben keine Windschutzscheiben." – „Aber ihr Kollege XX hat gesagt, sie hätten welche, ich sollte vorbeikommen!" „Moment."

Der Pförtner telefonierte, dann ließ er Wolfram passieren. So kam Wolfram zu einer neu eingebauten Windschutzscheibe und konnte die geliehene wieder zurückgeben. - Wenn heute ein Neukluger sagt: „Na, das waren je schöne Zustände" so stimmt das wohl für Materialbeschaffung in der Mangelwirtschaft, aber heute ist's teilweise viel schlimmer, wenn man ohne Beziehungen nicht mehr weiterkommt.

Der Wolf als Retter

Es war um 1555 als die Räuberbande von Andreas Küster im Harz ihr Unwesen trieb. Kaspar Corthym stammte wie der Räuberhauptmann aus Rieder. Er war Lehrling bei einem Küfer in Hasselfelde. Gebhardt von Hoym, der Herr auf Burg Stecklenberg hatte ein großes Weinfass bestellt. Dieses war fertig und Kaspar hatte es mit dem Eselskarren nach Stecklenberg zu bringen. Wie er nun fast die Stecklenburg erreicht hatte, umringte ihn plötzlich eine Schar von Räubern. Die hatten es wohl auf das Weinfass abgesehen, doch als sie es kontrollierten und feststellten, dass es neu und leer war, fingen sie an zu fluchen und mit ihren Messern und Säbeln zu rasseln und schon glaubte Kaspar sein letztes Stündchen hätte geschlagen. Doch einer der Räuber sagte: „Den kenne ich, lasst ihn laufen." - Doch die anderen waren der Meinung, er würde sie verraten und die Wachen würden ihnen nacheilen. Daher beschloss man, den Kasper in das Fass einzusperren und seinem Schicksal zu überlassen. Der Deckel wurde geöffnet Kaspar hineingestoßen und der Deckel wieder vernagelt. Nur das große Spundloch blieb frei.

Als nichts mehr von den Räubern zu hören war, versuchte Kaspar aus dem Fass auszubrechen, doch der Meister hatte es solide hergestellt, Kaspar kam nicht frei. Jetzt stellten sich Hunger und Durst ein. Sollte er hier wirklich elend umkommen? Mitten im Wald würde ihn doch niemand hören. Immer wieder rief er laut aus dem Loch heraus, aber wenn er dann lauschte, hört er nur das Rauschen des Waldes. Der Mond schien inzwischen, als er ein Geräusch hörte.

Er kniete sich zu dem Spundloch hinunter und sah einen Wolf ums Fass schleichen. Plötzlich steckte der Wolf seine Schnauze zum Spundloch hinein, so dass Kaspar erschrocken zurückwich. Der Wolf konnte nicht hinein, das beruhigt den Kaspar, doch selbst konnte er auch nicht hinaus. Immer wieder versuchte der Wolf hineinzukommen, kratzte an dem Loch, verschwand und kam wieder. Kaspar schaute vorsichtig zum Loch heraus, da sah er wie der Wolf ganz dicht am Fass stand und in eine andere Richtung schaute. Jetzt oder nie dachte er und ergriff mit aller Kraft den Schwanz des Wolfes und zog ihn zum Fass hinein. Der Wolf zog am Schwanz und knurrte und jaulte fürchterlich. Immer wieder versucht er sich loszureißen, doch Kasper hielt mit beiden Händen fest und der Wolf konnte sich nicht umdrehen und beißen. Der Wolf zerrte und zerrte und schließlich rutschte das Fass von der Karre. Der Wolf zerrte weiter. Das Fass begann sich zu drehen. Es rollte den Weg hinunter und der Wolf, mit seinem Schwanz festsitzend wurde auf- und abgehoben und jaulte laut vor Schrecken. Auch Kaspar wurde im Fass hin und her geschleudert und musste den Wolf loslassen. Das Fass nahm Fahrt auf, wurde immer schneller und prallte schließlich gegen einen Baum, sodass es zerbrach. Dem Kaspar taten alle Knochen weh. Er konnte sich aus den Trümmern befreien. Vom Wolf war nichts mehr zu sehen, er hatte sich, ohne sich zu verabschieden, aus dem Staub gemacht. Kaspar konnte sich nicht mehr für die Hilfe bedanken, das war ihm aber auch recht so.

Der Wunderdoktor & die Quelle

D ie Stecklenberger Calziumquelle war schon lange als Salzquelle bekannt. Berühmt wurde sie aber um 1800 als „Wunder- & Heilquell" durch den „Nachtwächter und Wunderdoktor" Kahmann aus Stecklenberg. Schon 50 Jahre vorher wurde die Wasserheilkunde von Johann Hahn und anderen Gelehrten für Deutschlund neu entdeckt und 50 Jahre danach kam sie durch Sebastian Kneipp zu Weltruhm.

Ohne höhere Schulbildung aufgewachsen, eignete sich Kahmann auf dem Gebiete der altüberlieferten Volksheilkunde ein hervorragendes Wissen an und stand bald im Ruf eines „Wunderdoktors". Während er die Kranken bisher mit allerlei Heilkräutern kuriert hatte, begann er nunmehr Heilversuche mit dem Quellwasser der „Taubentränke". Und siehe da! Er hatte verblüffende Heilerfolge, sogar bei Lungenkranken. Von Halberstadt, Aschersleben und sogar aus dem Magdeburgischen kamen die Kranken und Bresthaften (chronisch Kranke, Behinderte) und ließen sich von ihm behandeln. Er „verordnete" Trink-und Badekuren und „kurierte" nur noch mit dem Quellwasser. Kahmann soll ein echtes Harzer Original gewesen sein, wie sie heute leider fast ausgestorben sind: schlau, pfiffig, erfinderisch, voller Fleiß und Mutterwitz, zielstrebig und willensstark. In hohem Alter starb er als ein berühmter Mann. Die Geheimnisse „seiner" Wasserheilkunst nahm er mit ins Grab, und die Heilquelle geriet nach seinem Tode zunächst in Vergessenheit.

Einmal kam ein Mann mittleren Alters von großer Leibesfülle zu ihm und wollte in kurzer Zeit von seiner Kurzatmigkeit befreit werden. Als erstes inspizierte Krahmann den großen Picknickkorb, den der Patient dabei hatte und probierte ausgiebig von allen Speisen und Getränken um festzustellen, ob dabei etwas Giftiges sei, was als Krankmacher in Frage käme. Er fand nichts Giftiges und ordnete an, dass der Patient zu jeder Behandlung Proben von den Speisen, die er sonst äße, zur Inspektion mitbringen solle. Dann nahm er eine gründliche Untersuchung des Patienten vor, betrachtete dessen Adamskostüm von allen Seiten und ließ ihn in einen Zuber mit eiskaltem Quellwasser steigen. Nachdem der Patient tüchtig durchgefroren war, durfte er heraussteigen und die Diagnose wurde gestellt. Es handele sich um eine bösartige, adipöse, zytklomegalomische Apenitis. Er hätte Glück, dass er jetzt gekommen sei. In einem Jahr wäre er nicht mehr zu retten gewesen, erst voriges Jahr wäre ein Patient, weil er zu spät kam, hinüber gegangen. Dem Patienten grauste und er bat um schnellste Behandlung. Nachdem man sich über das stattliche Honorar einig war, erließ Kahmann seinen Behandlungsplan.

Wohnen sollte der Patient 4 Wochen bei Krahmanns Muhme, sein Oheim sollte ihn auf allen Wegen begleiten. Jeden Tag bei Sonnenaufgang solle er im Zuber eine halbe Stunde im Wunderwasser verbringen. Dann muss er auf die Viktorshöhe gehen und unbedingt eine Stunde lang die Höhenluft atmen. Er dürfe aber nicht fahren, weil das die Gedärme verstauchen würden, sondern er müsse zu Fuß gehen. Dabei dürfe er bis zur Rückkehr nach Stecklenberg nichts essen und nur mitgenommenes Wunderquellwasser trinken. - In der ersten Nacht vor der Behandlung schlief der Patient schlecht und jammerte Tags darauf über das harte Bett. Doch oh Wunder, nach dem ersten Behandlungstag schlief der Patient jede Nacht den Schlaf der Gerechten. Nach einer Woche waren auch die Fußschmerzen weg. Aber nach 4 Wochen - oh großes Wunder – konnte der Patient frei atmen und fühlte sich wie neu geboren.

Ein anderes Mal kam eine Frau zu Kahmann und wollte eine Medizin gegen Aufregung. Sie war dafür bekannt, dass sie mit ihrem Mann oft heftigen Streit hatte, der manchmal auch tätlich ausging. Dann regte sie sich sehr auf und wollte eine Medizin dagegen. Kahmann gab ihr eine große Flasche mit dem Wunderwasser und das Rezept: Immer wenn ihr Mann ihr widerspräche, solle sie sogleich einen großen Schluck in den Mund nehmen und dort mindestens zwei Minuten erwärmen, ehe sie das Wasser herunterschluckt. Diese Medizin soll ausgezeichnet geholfen haben. - Solche und ähnliche Geschichten steigerten den Ruf Kahmanns als Wunderheiler. Kam aber jemand mit einer schweren Erkrankung, so schickte ihn Kahmann zum Doktor Ziegler nach Quedlinburg, der war auch berühmt. *(Christoph Jacob August Ziegler 1735-1795)*

Der Wurm im Wurmtal

Das Wurmtal ist eins der steilsten Täler im Harz. Dort fließt der Wurmbach. Auf der Nordseite des Tales liegen die kalten, dunklen Winterklippen, auf der Südseite die hellen, freundlichen Sommerklippen. Früher reichten beide Feldgruppen bis in die Talsohle an den Bach, kein Weg führte hier entlang. Der Ort war unheimlich.

Zum Herrn der Stecklenburg kam eines Tages einer seiner Bauern und berichtete von einem Lindwurm im Tal: „Es sey im Bach eine Stelle von ungeheurer Tiefe, darin ein Lindwurm lebe und wenn gar viel Wasser im Bache sei, würde er rauskommen. Er hätte ihn schon dreimal gesehen und auch seine Jungen und er würde sich auskennen mit Lindwürmern, denn sie leben immerfort, solange sie unter der Erde seyn, und sterben nicht ob es gleich 1000 Jahre wäret, und in diesem Jahr würde wieder ein junger Lindwurm aus dem Loch hervorgekommen seyn und man müsste Angst haben, dass er nicht das Vieh fresse oder gar den Hirten." - Doch dem Herren ist dieses sämtliche Vorgeben vom Lindwurm sehr lächerlich vorgekommen und er schickte einen Knecht, der ihm den jungen Wurm brachte, worauf er berichtete: „Es ist ein Erdwurm und Ungeziefer gewest, nur eine Elle lang, ganz schwarz, dergleichen es sonst hin und wieder wohl mehr gibt; und daraus haben die einfältigen Leute mit Gewalt einen Lindwurm machen wollen." - Jedenfalls sind im Wurmtal Kreuzottern und Feuersalamander, selbst schwarze, nicht selten.

Das althochdeutsche Wort WURM bedeutet unter anderem Schlange oder bezeichnet jedes kriechende Geschöpf. Althochdeutsch LINT bedeutet auch Schlange, was zusammengesetzt als Lindwurm - eine Schlange besonderer Bedeutung sein soll. - Der Glaube an derartige Fabelwesen war früher verbreitet. Wenn große Fossilien-Knochen gefunden wurden, so glaubte man an die Überreste von Drachen, Lindwürmern und anderer Fabelwesen. Im Westharz gibts die Einhornhöhle. Dortige Funde von Knochen hielt man schon 1583 für Einhorn-Überreste, auch die Funde in den Seweckenbergen. In Stecklenberg wurden aber keine derartigen Funde gemacht. Um 1872 fand man Mammutknochen im ehemaligen Kalksteinbruch am Elzeberg, der dann auch Mammutbruch genannt wurde.
Der Steinbruch gehörte jahrhundertelang zu der dortigen Kalkhütte, die vormals schon den Gipsmörtel für die Lauenburg geliefert hatte.

41

Wenn der Wurmbach aus dem Tal heraustritt, wechselt er plötzlich seinen Namen im Volksmund und wird zum Hasselbach. Dort wo das Tal breiter und flach wird befand sich früher das Dörfchen Hasselbeck unterm Stecklenberg, doch schon im Mittelalter ist es wüst geworden, nur der Name des Baches hat sich erhalten und ist vor allem in Neinstedt noch im Gebrauch. Der Name stammt von dem Haselnussstrauch ab.

Im Mittelalter war dort auch ein großer Teich angelegt worden. Die Reste des hohen Dammes ziehen sich durch die Gärten der Grundstücke zwei bis vier. Der kleine Bach aus dem Röhrengrund fließt hindurch. Teiche wurden, wenn sie nicht dem Bergbau dienten, durch Mönche und hohe Herren vor allem angelegt, um in den Fastenzeiten, also freitags und zu den hohen Feiertagen Fisch zu haben, denn Fisch galt nicht als Fleisch.

Die Elster

Der alte Mettig betrieb im Ort einen Kolonialwarenladen. Hinter dem Haus im Garten stand eine Pappel, die eines Tages vom Sturm umgeweht wurde. Zwischen den Zweigen saß eine junge, noch flugunfähige Elster. Weil sie so erbärmlich krächzte, nahm sie Wilhelm mit und gab ihr zu fressen. So wurde die Elster handzahm. Sie flog nicht weg, sondern hielt sich immer in der Nähe auf. War ein Milan oder Habicht am Himmel zu sehen, so flog sie schreiend ins Haus. Es schien ihr Spaß zu machen, die Geräusche aus ihrer Umgebung nachzuahmen. War kein Kunde im Laden, ging Wilhelm in das Hinterzimmer. Dann ertönte oft das Quietschen der Tür und das Bimmeln der Türglocke. Kam er dann schnell nach vorn, so schaute ihn spöttisch die Elster mit schief gehaltenem Kopf an. - Eines Tages hatte er etwas Besonderes im Angebot. Das hatten die Stecklenberger noch nie gesehen. Es waren Bananen, die er in einer Kiste vom Bahnhof in Neinstedt abgeholt hatte. Jetzt galt es diese besondere Rarität auch zu verkaufen.

Er stellte sich vor seinen Laden und immer, wenn jemand kam, rief er mit lauter Stimme: „Bananen - 2 Pfund - zwei Mark." Das war aber den Leuten natürlich viel zu teuer, für eine Mark gab es damals einen Kasten Bier. Alle kamen aber, um die Bananen anzusehen. Manch einer nahm sie auch unter denen argwöhnischen Augen des Händlers in die Hand, aber niemand kaufte sie. Schließlich musste Wilhelm mit dem Preis deutlich heruntergehen, denn langsam wurden seine Bananen auch braun. Wenn Einheimische vorübergingen rief er nichts mehr, kamen aber Sommergäste so rief er: „Frische Bananen, 2 Pfund eine Mark."

So ging es ein paar Tage. Schließlich kam ein eleganter Herr mit seiner eleganten Dame die Dorfstraße entlang. Wilhelm erkannte seine Chance, doch noch einen besseren Preis zu erzielen. Er holte tief Luft und wollte eben seine Bananen für zwei Mark für zwei Pfund anpreisen, da rief die Elster laut: „Frische Bananen - zwei Pfund - eine Mark." - „Das ist aber billig" meinte der Fremde, „in Neinstedt kosten sie zwei Mark, und noch dazu von so einem schlauen Vogel verkauft, die nehme ich." - Ob Wilhelm die restlichen Bananen auch verkaufen konnte, oder sie selbst mit seiner Familie gegessen hat, wissen wir nicht und auch nicht, ob Elstern Bananen lieben, jedenfalls waren in den nächsten Jahren keine Bananen mehr im Angebot.

Viele Jahrzehnte später war in dem Laden das HO-Textilien Geschäft von Tante Gerda. Bananen gab es hin und wieder in der Gemüseabteilung des Konsums. Wenn es mal welche gab, waren sie auch gleich ausverkauft oder nur unter dem Ladentisch zu haben und jeder kaufte was er bekommen konnte. So kam es, dass viele Leute damals mehr Bananen gegessen haben als heute, wo man jeden Tag welche kaufen kann.

Die Eselsgasse

Z wischen der Hauptstraße und dem Küchenberg gibt es einen kleinen Fußweg, den alle die Eselsgasse nennen. Doch wie kam die Gasse zu ihrem Namen?

In dem Haus rechts neben der Gasse wohnte die Familie Papen-Müller. Um 1900 bekam die Hausfrau ein Baby. Ein Kind fragte, was denn da los sein, weil sich die Erwachsene darüber unterhielten. Ein Einwohner sagte aus Spaß „Vielleicht ist da ein kleiner Esel angekommen." Schnell sprach sich unter den Kindern herum, dass bei Papen-Müller ein kleines Eselchen zu bestaunen wäre. Die Kinder versammelten sich und gingen gemeinsam zu Frau Papen-Müller und fragten, ob sie das kleine Eselchen nicht mal sehen könnten. Frau Papen-Müller verstand nicht gleich was gemeint war, doch die Kinder meinten „…das Eselchen, was in diesem Haus geboren wurde." Da wurde Frau Papen-Mueller zornig und jagte die Kinder weg. Im Nu war diese Geschichte in aller Munde und von nun an hieß der kleine Hermann sein ganzes Leben lang „der Esel". Manchmal zogen sogar einige Kinder vor das Haus und sangen ein Lied von Eseln. Auch ältere Einwohner spotteten heimlich. Hermann war das nicht recht, aber er konnte nichts dagegen tun. Hätte die Mutter damals mit Humor reagiert, wäre ihm das erspart geblieben.

Von den Weinballons

I n den 1970 er Jahren lebte in Stecklenberg ein Jugendlicher, nennen wir in Knatter, aus alteingesessener Stecklenberger Familie. Dieser war immer bereit, bei Streichen und Scherzen mitzumachen und stellte auch selbst genügend Unsinn an.

Im Ort war eine Mosterei, von allen Saftstertz genannt. Am Rande der Fabrik waren viele gläserne Weinballons gelagert. Aus lauter Übermut legte sich Knatter wie ein Wildschütz hinter ein Gebüsch und begann mit gezielten Schüssen aus dem Luftgewehr die Weinballons zu zerlegen. Günter, der Leiter der Saftfabrik, der auch der ehemalige Besitzer gewesen war, doch zu DDR-Zeiten wurden die größeren Betriebe verstaatlicht, hörte die Geräusche der zerberstenden Gläser. Schnell hatte er die Ursache erspäht. Vorsichtig schlich sich er von hinten an Knatter heran und packte ihn dann im Genick. Jetzt war guter Rat teuer. Günter beschloss Knatter eine gehörige Portion Angst einzuflößen. Er schleppte ihn zu einem leerstehenden Holzschuppen in der Nähe. Dann verschloss er den Holzschuppen mit einem Vorhängeschloss und rief hinein: „Jetzt hol ich eine Axt, dann schlachte ich dich." Er wusste, dass im Holzschuppen hinten ein großes Loch war, und so konnte er sehen, wie Knatter mit erheblicher Geschwindigkeit das Weite suchte. - Selbst am Abendbrottisch soll Knatter noch gezittert haben und er wurde auch lange nicht mehr in der Nähe von Saftstertz gesehen. Jahrzehnte später erzählten mir diese Geschichte Knatter und auch Günther unabhängig voneinander fast gleichlautend.

Die Harzer Bratwurst

Wenn der Thüringer von seiner Rostbratwurst schwärmt, ist damit etwas ganz anderes gemeint, als wenn der Harzer Bratwurst sagt. Die Thüringer Bratwurst oder die Fränkische oder die Nürnberger Bratwürstchen werden gebraten, nicht so die Harzer Bratwurst. Wenn der Harzer eine Wurst zum Braten haben will, sagt er zum Fleischer: „Ich möchte Schmorwürstchen", wenn er aber sagt: „Ich möchte eine Bratwurst", dann bekommt er einen Wurstring mit einer Wurstmasse ähnlich grober Mettwurst. Dies ist eine lange lagerfähige Wurst. Man kann sie frisch essen, aber viele lieben es, wenn sie gut abgehangen und trocken ist. - Das Wort Bratwurst hat einen anderen Ursprung, es kommt nicht von braten, sondern von Brät, ein althochdeutsches Wort für die Wurstmasse, die man in den Darm füllt. Bratwurst gibt es mit verschiedenen Gewürzen: Salz und Pfeffer muss sein, dazu kommt manchmal Kümmel, oder auch Knoblauch, manchmal sogar Bärlauch.

Bei Familie S. gab es zum Abendbrot unter anderem stets Bratwurst mit Knoblauch. Inzwischen war der Sohn Christoph zu einem jungen Mann herangewachsen und hatte sich ein ebenso junges, wie hübsches Mädchen als Freundin angelacht. - An diesem Abend hatte er sich zu einem Rendezvous verabredet. Doch vorher wurde noch ausgiebig Abendbrot gegessen. Als letzte Schnitte schmierte sich Christoph ein Bratwurstbrot. Doch beim letzten Bissen stutzte er: „Ist da etwa Knoblauch drin?" - „Ja natürlich" meinten die anderen. - „Warum kauft ihr denn sowas, ihr wisst genau, dass ich keinen Knoblauch esse." Wutentbrannt verließ er die Küche und die anderen verdutzt drein Schauenden. Ob er an diesem Abend seine Freundin geküsst hat, ist nicht bekannt, wohl aber, dass er von nun an jedes Mal fragte, ob Knoblauch drin wäre.

Die Katze

Früher wurden alle unverheirateten Damen Fräulein genannt. In Stecklenberg gab es ein Fräulein N., die war schon in den Siebzigern und wohl nicht die Hellste. Sie hatte eine Katze und die Katze bekam jedes Jahr Junge. Sie ließ sich beraten und sperrte die Katze zu entsprechenden Jahreszeiten ein. Trotzdem bekam die Katze wieder Junge. Nochmals ließ sie sich vom Tierarzt beraten, der meinte: „Aber in ihrer Wohnung läuft doch noch ein Kater herum." Fräulein N. erwiderte: „Der kann das nicht gewesen sein, das ist doch der Bruder von der Katze."

Die Kuckucksburg

Am Wurmbach gleich über Stecklenberg ist ein einzelner Felsen aus Grauwacke oder Schiefer, der Kuckucksburg genannt wird. Als es noch einen Kindergarten in Stecklenberg gab (1948-2012), waren die Kinder jeden Tag in der Natur unterwegs und besonders gern an der Kuckucksburg, weil man da klettern konnte. Beliebt war es auch Mooshäuschen zu bauen. Viele Kindergärtnerinnen waren im Laufe der Zeit tätig. Besonders beliebt waren Tante Ilse (Sahlmann) und Tante Lisa (Müller). Man sprach die Kindergärtnerinnen früher mit Tante an. Zum Schluss waren Heidi Jäger (Frau Jäger mit der lauten Stimme) aus Suderode, Brunhilde Keitel und Waltraud Schiebeck angestellt.

Es ist schon ewig her, da spielte an der Klippe der kleine Caspar. Er saß oben auf seiner Burg und dirigierte sein Heer aus Ameisen. Ein Kuckuck rief in der Nähe, als ein Sommergast vorbeikam und sich mit dem Caspar unterhielt. Dann meinte er aus Spaß zum Caspar: „Ich will doch mal sehen, wie lange ich noch lebe" und beide lauschten zum Kuckuck. Der aber rief nur noch ein Mal und flog dann davon. Verärgert ging der Sommergast fort.

Am nächsten Tag um die gleiche Zeit spielte Caspar wieder an der Klippe. Als er den Spaziergänger von weitem sah, versteckte er sich hinter der Klippe. Der Sommergast blieb vor der Klippe stehen. Da begann Caspar laut Kuckuck zu rufen. Beim fünfzigsten Ruf, der Sommergast hatte mitgezählt, ahnte der Besucher etwas, ging um den Felsen herum, erblickte den Caspar und begann laut zu lachen. Dann gab er dem Caspar einen Groschen und ging gut gelaunt weiter. Caspar erzählte die Geschichte seinen Freunden, die waren erstaunt, denn ein Silber-Groschen zur damaligen Zeit, also 10 Reichs-Pfennige, war zumal für einen kleinen Jungen eine Menge Geld. So blieb der Name Kuckucksburg.

Die uralte Linde im Park

Neben der Alten Brauerei im Kurpark in Stecklenberg steht eine uralte Linde. Sie scheint wohl 400 Jahre alt zu sein und hat 4,80m Umfang. 1726 wurde die Brauerei aus Steinen der Stecklenburg errichtet. Da scheint die alte Linde schon an dieser Stelle gestanden zu haben. Schon 1819 schreibt Johann Friedrich Krieger in seinem Buch „Die Bodethäler im Unterharz":

An den Fuß des Burgberges lehnt sich das Amt; seinen Hof verschönert eine Linde von seltner Schönheit. Sie breitet ihre schattenreichen Zweige über einen eingegitterten Erholungsplatz aus, von wo man über einen, mit munteren Enten belebten Teich, in ein lachendes Thal hinabsieht.

Den alten Germanen waren Linden die heiligen Bäume der Göttin Freyja. Man konnte keine Früchte ernten, auch das Holz hat keinen hohen Wert und doch wurden sie seit Jahrtausenden an besonderen Stellen gepflanzt. In unserer Sprache bedeutet Linde immer noch *weich, wohltuend, lindernd.* In jedem Dorf gab es eine Dorflinde als Versammlungs- und Gerichtsplatz. Nach Einführung des Christentums wurden auch die heiligen Linden übernommen und durften in keinem Kloster fehlen, wenn gleich es auch Sagen vom Hexentreff unter Linden gibt. Andererseits widmete man Linden auch christlichen Heiligen, wie die Apostellinden zeigen. So alt ist unsere Linde wohl nicht, aber sie kann schon zu Zeiten gestanden haben, als die Familie von Hoym Besitzer der Stecklenburg war und an der Linde ihr Vorwerk, also der Wirtschafthof war.

So wie Philemon und Baucis, dem uralten Ehepaar, das in der griechischen Sage von Zeus aus Dankbarkeit in einer Eiche und einer Linde verwandelt wurden, steht auch hier in der Nähe eine alte Eiche. Doch die Friedenseiche neben der Kirche, die nach dem Deutsch-Französischen Krieg 1872 gepflanzt wurde und 3,40 m Umfang misst, scheint dagegen einen Jüngling zu sein. Beide haben viel von unserer Stecklenberger Geschichte gesehen. Die Eiche war einmal in Lebensgefahr als nach dem letzten Krieg gefordert wurde, die Relikte des Militarismus zu beseitigen. Doch Louis Grude stand mutig dagegen und wollte sich mit der Axt danebenstellen und jedem der die Friedenseiche angreift, die Hand abhauen. Das wollte nun doch niemand riskieren.

Ob unter unserer Linde Gericht gehalten wurde, wissen wir nicht. Der alte Spottname für Stecklenberger „die Keksburger" scheint darauf hinzudeuten, dass in Stecklenberg auch Gericht abgehalten wurde. Nach Rektor Haase ist ein Kek ein Pranger.

1506 bekennt Geverth von Hoym Herr auf Stecklenberg, dass ihn die Aebtissin Hedwig von Quedlinburg belehnt habe mit dem Dorfe „Sudenrode mit gerichte ober hals und henth, myth aller gerechtigheyt." Noch 1736 war auf der Stecklenburg die Gerichtsstube vorhanden. 1732 wurde das Amt Stecklenberg mit dem Amtmann Andreas Martin Fischer besetzt. Sein Sohn Daniel Leberecht Fischer übernahm 1756 das Amt. Er war königlicher Kriegs- und Domänenrat. Die Kriegs- und Domänenkammer in Halberstadt entspricht etwa der heutigen Kreisverwaltung. Die Amtmänner traten auch in ihrem Amtsbereich als Richter in einfachen Sachen auf und vielleicht war der Gerichtsort unsere Linde. In den 1960er bis 80er Jahren fand unter der Linde der Tanz in den Mai statt, das Volksfest anlässlich des ersten Mai.

Tante Mine Brandis war um 1935 schon hoch betagt in den 80er Jahren, doch gern betätigte sich noch als Kindermädchen bei Bauer B. Sie kannte viele alte Sagen, so auch diese: Als damals das alte Brauhaus gebaut werden sollte, stand die Linde im Wege. Der Baumeister wollte sie umhauen lassen, doch die Häusler, die am Gut wohnten, wollten ihre alte Linde nicht missen, die schon zu Zeiten der seligen Katharina von Oettingern ihr Versammlungsplatz gewe-sen war. Der Baumeister wollte sich jedoch nicht umstimmen lassen. Man hatte bereits begonnen, den Bauplatz zu planieren, als von Nordwesten her große dunkle Wolken aufzogen. Die alten Stecklen-berger wussten, dass jetzt ein übles Wetter kommen würde. Und tatsächlich brach nach kurzer Zeit ein heftiges Gewitter mit Sturm los. Zweimal schlug der Blitz ein. Einmal in die Linde, so dass einige Äste herunterfielen und kurze Zeit später fuhr der Blitz in einen Stapel Bauholz. Niemand traute sich bei diesem Wetter vor die Tür. Wie üblich saß man am Küchentisch, auf dem eine Kerze stand, um das Unheil vom Haus ab zu wenden und betete. - Als schließlich das Gewitter vorüber war, stand die Linde wie unbeeindruckt in ihrem grünen Blätterkleid. Der Stapel mit Bauholz war aber angebrannt und nur der heftige Regen hatte das Feuer wieder gelöscht.

Nachdenklich stand der Baumeister auf dem Bauplatz und schaute abwechselnd zum Holzstapel und zur Linde. Dann sagt er: „Diesen Baum schützt eine höhere Macht, den werden wir nicht anfassen." Und so konnte unsere Linde noch Jahrhunderte weiter stehen. Tante Mine erzählte auch, dass der Geist des hartherzigen Amtmanns hier spucken solle und unter der Linde wohne. Doch das will ich nicht glauben. Der Amtmann war zwar als hartherzig bekannt und daher vom König später des Amtes enthoben worden, doch er starb 1791 im 56. Lebensjahr auf seinem Gut Fienerode bei Genthin. Warum sollte sich ein Geist auf so einen langen Weg machen. Andere meinen, Amtmann Fischer würde im Torfmoor von Fienerode spuken, denn er hatte sich beim Torfabbau hoch verschuldet und ging in Konkurs.

Eine andere Sage erzählt von der Spukgestalt im Brauhaus. Die kommt einmal als weiße Frau, die nachschaut ob alle fleißig gearbeitet haben oder ein andermal als einfaches Gespenst. Dann soll man die Gestalt keinesfalls verspotten oder sonst wie verärgern, sondern langsam drei Mal um die Linde gehen, dabei ein Vaterunser aufsagen und dann schnell nach Hause gehen.

Brauknecht Friedrich hat einmal das Gespenst gesehen und laut gelacht und gerufen, er fürchte sich nicht. Am anderen Morgen ist er die Kellertreppe in der Brauerei hinunter gestiegen, dabei hat ihn ein Geist angestoßen, dass er hinunter gestürzt und sich beide Arme gebrochen hat. Der Geist soll ja selbst in unserem Jahrtausend einer Frau in Stecklenberg gleiches zugefügt haben. Unwissende meinen, es wäre der Unrat auf der Treppe gewesen. Wir wissen es besser.

Die Ohrfeige

Bruno und ein Sommergast stritten sich einmal im Waldfrieden. Der Sommergast behauptete etwas von Magie, Magnetismus, Hypnose und dergleichen zu verstehen.

Bruno sagte, dass das alte Hüte seien, er hätte das schon vor vielen Jahren praktiziert. Zum Beispiel könne er jemanden eine Ohrfeige geben, ohne dass derjenige es merken würde und ein anderer, dem er die Ohrfeige zugedacht hätte, würde den Schmerz fühlen. Der Streit ging hin und her, die anderen Gäste waren aufmerksam geworden. Schließlich kam man überein, das Ganze zu probieren, wobei Bruno dem Wirt zuzwinkerte. Der Sommergast hielt seine Backe zum Streich hin, Bruno holte aus und schlug so heftig zu, dass der Gast vom Stuhl fiel. Im selben Moment schrie der Wirt laut auf und hielt sich die Backe und jammerte. Da sprang der Sommergast auf und rief: „Ich habe es gleich gewusst, du hast keine Ahnung davon, ich habe den Streich genauso gemerkt wie der Wirt."

Wochen später saß Bruno mit Freunden wieder im Waldfrieden und man bewunderte seinen starken Schlag bei der Backpfeife. Bruno meinte: „Das ist gar nichts dagegen, wenn ich mit der Faust auf den Tisch haue. Das hat noch keiner ausgehalten, der unterm Tisch saß, wenn ich drei Mal darauf schlage, spätestens nach dem zweiten Schlag sind alle unterm Tisch wieder hervorgekommen." Das wurde nun heftig diskutiert. Einige lachten nur, weil sie Bruno kannten. Aber Andreas wollte es genau wissen, er glaubte nicht an solche Aufschneiderei. Also wurde gewettet, der Verlierer sollte für alle eine Runde geben, die Regeln wurden fest gemacht. Andreas rutschte unter den Stammtisch und lächelte siegessicher. Bruno holte aus und schlug einmal auf den Stammtisch. „Das war ja gar nichts" sagte Andreas. Bruno schlug heftiger zu. „Das war auch nichts." Jetzt sagte Bruno: „Überlege es dir gut, der nächste Schlag zerschmettert dein Trommelfell." - „Schlag nur zu!" - „Ich sammle jetzt alle meine Kräfte und schlage morgen Abend fürchterlich zu." - „Nein jetzt!" - „Nein morgen!" Das Gelächter war auf Brunos Seite, zumal die Zuschauer auch Freibier bekamen. - Bruno wettete einmal mit einem anderen Gast, dass dieser seine Jacke nicht allein ausziehen könnte. Gewettet getan, der Gast zog seine Jacke aus und Bruno gleichzeitig seine Jacke und hatte damit die Wette gewonnen.

Zum Waldfrieden noch eine Geschichte: Detlef H. war zwar in Stecklenberg aufgewachsen, aber schon als Kind in den Westen übergesiedelt. Gelegentlich kam er zu seiner Oma Papenmeier zu Besuch, dann traf er auch alte Freunde im Waldfrieden. Für ihn war es kein Problem den dickem Max zu markieren, denn bei einem Umtauschkurs von 1 zu 4 bis 1zu 7 DDR zu Westgeld war hier alles spottbillig für ihn.

Wie er so im Kreise der Anderen saß, begann er mit seiner neuen Armbanduhr anzugeben: „Das ist eine Timex, die ist unzerstörbar, die kann man überall fallen lassen." „Echt, zeig mal!" Er nahm die Uhr ab und warf sie an die Wand. Die Uhr tickte weiter, aber das Uhrenglas war abgesprungen und das Gelächter groß.

Die Rüdin

Werner ging einmal mit seiner kleinen Tochter Christiane spazieren, als sie einen Bekannten mit einem Hund trafen. Werner erklärte seiner Tochter, dass dies ein Rüde wäre. Etwas weiter trafen sie wieder einen Bekannten mit einer Hündin und Christiane rief laut: „Die kenne ich, das ist eine Rüdin."

Bei einem anderen Spaziergang kam Werner mit seiner kleinen Tochter Christiane an einem Baugerüst vorbei, auf dem einige Maurer arbeiteten. „Vati, was macht denn Onkel Lutz da oben" fragte Christiane. „Onkel Lutz versucht zu mauern" war die Antwort. Maurermeister Lutz war sprachlos und seine Kollegen warfen vor Lachen die Kellen in die Mörteleimer.

Die Sage vom Nelkenstein

Der damals sehr bekannte Dichter Christoph August Tiedge war 1795 bei der jung verwitweten Frau von Stedern als Hauslehrer ihrer beiden Töchter in Neinstedt angestellt.

1792 hatte er den Antrag angenommen, Gesellschafter und Reisebegleiter eines jungen Herrn v. Stedern zu werden, der jedoch bereits nach achtzehn Monaten starb und eine kranke Gattin mit zwei Töchtern hinterließ.

Wenn Tiedge nachmittags frei vom Unterricht war, wanderte er gern bei schönem Wetter durch die Felder und Kirschplantagen und dichtete vor sich hin. Sein Lieblingsweg ging von Neinstedt über die Feldflur nach Stecklenberg zu den romantischen Ruinen. Hier schuf er auch das bekannte Gedicht „Die Blume der Lauenburg". In alten Reiseführern wird der Weg daher „der anmutige Poetensteig" genannt. Auf halber Wegstrecke lag ein großer weißer Stein am Wegesrand. Dort setzte er sich oft hin, bewunderte die Aussicht und philosophierte.

Marie war die Haushälterin bei Frau von Stedern. Sie war von rundlicher Figur und gutmütigem, schlichten Gemüt. Den Dichter bewunderte sie, wenn sie bediente und er zum Mittagstisch für die Familie aus seinen Dichtungen rezitierte. Eines Tages begegneten sich beide am weißen Stein. Tiedge hatte wohl gerade etwas Lustiges ersonnen und sein Gesicht strahlte. als er Marie freundlich grüßte, die er ansonsten früher kaum wahrgenommen hatte. Marie errötete in ihrem Knicks und bezog das Lächeln auf sich. Mit klopfendem Herzen eilte sie nach Hause und konnte wohl des Nachts kaum schlafen. - Frühzeitig aufgestanden, pflückte sie des anderen Tages einen Strauß Nelken aus dem Garten und legte ihn zum Gruß an den Dichter auf den weißen Stein. Doch der Dichter, in sich gekehrt, nahm den Gruß nicht wahr. Das wiederholte sich ein paar Tage. Marie beobachtete alles heimlich, bis sich der zerstreute Dichter auf den Stein und genau auf den Blumenstrauß setzte. Erschrocken sprang er wieder auf, rief etwas, was Marie aus der Ferne nicht verstand und schleuderte den Blumenstraus fort. Jetzt war Marie enttäuscht und zutiefst gekränkt. Sie ging in den Kutschschuppen, wo die Büchse mit der Wagenschmiere stand und machte einen großen Klecks Wagenschmiere mitten auf den weißen Stein.

Als am nächsten Tag der Dichter von seinen Ausflug kam, begegnete er zufällig Marie an der Pforte und sogleich sprach er sie an, ihm wäre ein Missgeschick mit seiner Hose passiert, ob die Marie so gut sei und ihm sogleich die Hose waschen möchte. Marie wurde ganz blass und versprach es stotternd. So kam es, dass sie beide zum dritten Mal ein paar Worte wechselten, als sich der Dichter herzlich für die gewaschene Hose bedankte.

Marie aber nannte den Stein fortan den Nelkenstein und so übertrug sich der Name auch der Nachwelt. Das Attentat mit der Wagenschmiere hat sie aber viel, viel später nur ihren Enkeln erzählt. Der Nelkenstein ist immer noch an der Stelle und um ihn herum wachsen naturgeschützte Steinnelken. Wo sie wohl herkommen?

Von der Grenzbuche

Von Quedlinburg aus gingen früher zwei Heerstraßen über den Harz. Die eine führt noch heute über Suderode nach Friedrichsbrunn. Die andere aber ist in Vergessenheit geraten. Sie führte über Weddersleben und Neinstedt, über den Stecklenberger Tannenkopf steil hinauf zum Reinekenberg und wieter nach Süden. Gewaltige Hohlwege, verschlungen, im Zickzack, neu angelegt übereinander führend, oftmals mehrfach parallel gehend, ließ der Kaiser vor Jahrhunderten in den Berg schlagen, um seine Truppen schnell bewegen zu können. Man erkennt noch die in den Felsen eingefahrenen Wagenspuren und aufgeschüttete Dämme.

In späteren Zeiten wurde dieser Weg zur Forstgrenze. Nordwestlich war Privatwald des Major von Windheim. Er ließ einen tiefen Grenzgraben ausheben. Die Grenzsteine mit dem durchdrungenen Symbol VW stehen heute noch. Danach kam der Forst in den Besitz der Familie von dem Bussche-Streithorst. Teilweise scheint er mit dem historischen Forst Weddehagen, ein Forstort südöstlich der Georgshöhe überein zu stimmen. Man sagt, der Raubgraf Albrecht von Regenstein soll ihn den Gemeinden Thale, Neinstedt, Warnstedt, Weddersleben als Wedde = Bannbuße überlassen haben.

Vom Tannenkopf ist auch nur der Name, nicht aber die Tannen erhalten. Zwar sagt der Harzer zu jeder Fichte auch Tanne, aber ursprünglich standen hier wie überall im Unterharz die echten Silbertannen. Mit der Industrialisierung und dem massenhaften Einsatz von Steinkohle setzte Mitte des 19. Jahrhundertes ein massenhaftes Sterben der echten Tannen ein. Heute stehen am Stecklenberger Tannenkopf vor allem Kiefern. Nach Norden zu wurde das Land gerodet und heißt jetzt Neues Land.

An der uralten Grenze, dort wo die Gemarkungen Stecklenberg, Neinstedt und Friedrichsbrunn zusammentreffen, stand seit Jahrhunderten die Grenzbuche als Grenzmal. Um 1980 fiel sie dann einem Sturm zum Opfer. Ihr gewaltiger Stamm von vielleicht 1 ½ Metern Durchmesser vermodert seitdem und ist auch nach fast 40 Jahren vom Eingeweihten zu erkennen. 2009 wurde wieder eine kleine Buche an der Stelle gesetzt, vielleicht wird sie auch einmal so stattlich.

Der alte Major von Windheim nutzte nicht nur das Holz in seinem Forst, sondern er war auch ein eifriger Jäger. Wenn er mit seinem Pferd die Höhe erklommen hatte, saß er oft unter der alten Grenzbuche, um Vesper zu machen. Das Wildbret in seinem Revier fand auch das Interesse einiger Häusler aus Thale und Neinstedt, Stecklenberg wollen wir nicht erwähnen (wie sagte doch ein Oberförster vor 150 Jahren „die St. sind entweder Holz- oder Wilddiebe"). So war also der alte Windheim bemüht, Wilddiebe zu fangen, was ihm aber nie gelang. - Der alte Kuno aus Stecklenberg stand schon lange im Verdacht zu wildern. Kann sein, dass er schon oft Schlingen gelegt hatte, erwischt wurde er nie. Als er eines Tages seinen Gevatter in Friedrichsbrunn besuchte, hatte dieser einen Kaninchenbraten zur Feier bereitet. Zum Nachhauseweg bereit, bat Kuno listig um die Hasenpfoten, die er an seinem Rucksack befestigte, als wollten Hasenbeine heraus baumeln. Auch füllte er den Rucksack mit Eselsmist vom Gevatter, da dieser Mist besonders den Kohl wachsen ließe. So begab er sich auf den Rückweg.

Unter der Grenzbuche setzte er sich zur Pause, als Windheim auf dem Pferd hervorkam. Windheim richtete sein Gewehr auf Kuno und befahl ihm, vor ihm her nach Thale zu laufen. Angekommen, gingen sie zum dortigen preußischen Amtsvorsteher. Windheim befahl dem Kuno mit barscher Stimme den Rucksack auf dem Schreibpult des Amtsvorstehers zu leeren. Das tat Kuno auch. Es wurde still im Raum bis Kuno nach einer Weile keck sagte: „Es reicht, Ihr habt einen Unschuldigen mit dem Gewehr in Todesangst versetzt, das kostet Euch einen Taler, damit ich auf den Schreck einen trinken kann, und lasst gleich eine Kutsche anspannen und mich nach Hause fahren, denn nach der langen Strecke kann ich nicht mehr laufen." So geschah es dann auch. Während der alte Windheim mit bitterböser Miene da stand, verzog Kuno keine Miene und lachte nur innerlich und als beide von dannen waren, lachte auch der Amtmann bis ihm die Tränen kamen und abends im Krug machte die Geschichte ihre Runde.

Die Sage von Fischers Buche

Unweit der alten Heerstraße, die von Quedlinburg nach Nordhausen führt, auf dem Stück zwischen Suderode und Friedrichsbrunn, stand bis zum Jahre 2000 eine dicke Buche, die aus 7 zusammengewachsenen Einzelstämmen bestand und allgemein Fischers Buche genannt wurde. Dieser Name geht auf einen Stecklenberger Amtmann zurück. Leberecht Christian Fischer hatte das Stecklenberger Amt 1756 im Brauhaus von seinem Vater Andreas Martin Fischer übernommen, der es 1732 - wie damals nicht unüblich – für eine siebenjährige Nutzung ersteigert hatte. Zum Amt Stecklenberg gehörten auch Suderode, das spätere Friedrichsbrunn und Teile von Neinstedt.

Als der preußische König 1772 tausend Ausländer im Land ansiedeln wollte, hatte sich Leberecht Fischer bereit erklärt, 100 Leute anzusiedeln.

Für 35 Kolonisten wollte er das Friedrichdsdorf, heute als Friedrichsdorfstraße Teil von Bad Suderode, bauen, 50 Kolonisten sollten am Ungetreuen Brunnen, dem heutigen Friedrichsbrunn, Häuser erhalten und 15 Kolonisten wollte er in Stecklenberg ansiedeln. Er bekam dafür vom Staat eine Summe Geld und baute die Häuser samt Nebengelass für die Kolonisten. Diese Wohnstellen verkaufte Fischer an die Siedler und im Gegenzug bekam er Vergünstigungen, wie freie Jagd vom Staat. Doch Fischer wollte Gewinn machen und sparte an allen Ecken. Statt Eichenbalken wurden Buchenäste in den Dachstühlen verwendet, die bald zum Einsturz mancher Bauten und 1785 zu Aufruhr bei den Kolonisten insbesondere den Friedrichsbrunnern führte.

Unter dem „Vorwerk unterm Steckelberg", also dem Wirtschaftshof der Stecklenburg mit 23 Familien siedelte Amtmann Fischer 24 Kolonisten an. Diese Ausländer kamen aus Braunschweig und anderen deutschen Ländern.

Zum Amt gehörte auch die Brauerei in Stecklenberg. Das Gebäude steht heute noch im Kurpark. Der Amtmann verfügte, dass im gesamten Amtsbezirk nur Stecklenberger Bier zum Ausschank kommen dürfte. Andere Ämter hielten es ähnlich. Am 16.12.1790 wurden in Ditfurt 11 Faß Stecklenberger Bier wegen illegaler Einfuhr beschlagnahmt.

Das Stecklenberger Braunbier hatte einen guten Ruf, wenn auch nicht übermäßig viel Alkohol, notfalls konnte man einen Langhans, eine kleine längliche Schnapsflasche mit Quedlinburger Korn dazu trinken. Das gute Brauwasser kam aus dem Röhrengrund. Auch nach Friedrichsbrunn musste der Braumeister das Bier bringen. Das geschah auf dem heute noch bekannten Bierweg, an dem auch Fischers Buche steht. Die Fahrt nach Friedrichsbrunn war zeitraubend, der Meister war erst spät abends zurück. Darüber beschwerte er sich bei Amtmann Fischer. Daraufhin befahl Fischer, dass die Brauerei die Fässer bis zu jener Buche auf der Hälfte des Weges bringen und der Wirt des Kruges in Friedrichsbrunn die Fässer dort abholen solle. So geschah es dann.

57

In Friedrichbrunn siedelte Amtmann Fischer auch Leute an, die schon früher unredlich gelebt hatten und es vorzogen im Preußischen neu zu beginnen. Diese waren gewitzt und vermuteten hinter dem Biermonopol einen weiteren Versuch Fischers, auf ihre Kosten Geld zu machen. Es war wohl der Franzosen-Steffen, der vorschlug, ein paar Fässer abzuzweigen. Franzosen-Steffen wurde er genannt, weil im 7-jährigen Krieg französische Truppen in Friedrichsbrunn waren. Der kleine Sohn der Familie Steffen sollte zur Taufe, aber ein französischer Offizier hielt das für überflüssig. Er machte einige seltsame Handbewegungen, gebrauchte fremdländische Sprüche und meinte dann, jetzt sei er getauft. So kam er zu seinem Namen. Einige Eingeweihte liehen sich einen Wagen in Allrode. Zum Friedrichbrunner Wirt schickten sie einen Jungen, der ausrichtete, das Bier käme heute erst 2 Stunden später zur Buche. Dann fuhr einer mit dem Wagen zur Buche. Als er von weitem das Bier kommen sah, rief er, er müsse schnell in den Wald, es würde im Wanst rammeln und er müsse schnell sch…! Ehe er erkannt wurde, verschwand er im Wald. Der Stecklenberger Bote begann die Fässer umzuladen. Als nach einer Weile niemand kam, rief er in den Wald. Doch von da kam die Antwort, er möge schon abfahren, der andere käme gleich.

Die Friedrichbrunner mussten eine Weile auf Bier in der Schänke verzichten, ehe Nachschub herangebracht wurde. Nur einigen von ihnen schien das nichts auszumachen. Die Nachforschungen zum Verbleib des Bieres waren erfolglos.

Fischers Buche stand noch über 200 Jahre ehe sie so morsch war, dass sie gefällt wurde. 2002 pflanzte der Harzklub Stecklenberg an der Stelle 7 kleine Buchen, damit sie zusammenwachen und als neue Fischers Buche weitere Jahrhunderte stehen.

Wie aber ging es mit Amtmann Fischer weiter? Der „brave Mann" und "treue Vasall", als den der König den arbeitseifrigen Amtmann kannte und den er deshalb mit Titeln wie Kriegs- und Domänenrat, Kammerrat und Forstrat überhäufte, fiel aufgrund der von ihm provozierten Unruhen in Ungnade.

1784 musste Leberecht Fischer seinen Hut nehmen. Er verließ sein Gut, den "Lindenhof" in Neinstedt und zog auf ein Rittergut in Norddeutschland, wo er nach Fehlinvestitionen in Meliorations-projekte verarmt im Jahr 1792 starb.

Die Sparsame

Müllers gab und gibt es viele im Stecklenberg. Bei einer Familie Müller war das Haushaltsgeld immer knapp, doch Herr Müller ließ es sich nicht nehmen, jeden Tag eine Zigarre zu rauchen. Aber Frau Müller war gewitzt und stahl gelegentlich eine Zigarre aus der Kiste, was nicht auffiel. In der Notzeit 1923 war auch für Zigarren kein Geld mehr da, also musste Herr Müller mit dem Tabak aus seinem Garten vorliebnehmen und sich mit einem Pfeifchen begnügen. Umso größer war seine Freude, als ihm seine Frau zu Weihnachten einen Kistchen Zigarren schenkte. Er berichtete stolz seinen Freunden, seine Frau hätte sich das wahrhaftig vom Munde abgespart, weil sie ihn so liebte.

Noch in den 70er Jahren wurde der Lohn in den Firmen bar in einer Lohntüte ausgezahlt. Auf immer wieder verwendeten Tüten stand der Name des Empfängers und auf der Tüte quittierte dieser den Erhalt und steckte das Geld ein. Manche Arbeiter von der Hütte in Thale versoffen in kurzer Zeit ihren Lohn. Wenn Lohntag war standen deshalb zum Feierabend einige Ehefrauen am Werkstor und nahmen ihren Männern den Lohn ab, um das Haushaltsgeld zu retten.

Gegenüber dem Werkstor war die Gaststätte Zum Harz. Zum Schichtende standen schon die gefüllten Biergläser bereit. Viele Arbeiter tranken schnell ein paar Bier, um dann zum Schichtbus zu eilen und nach Hause zu fahren.

Die Stecklenberger Hopfengasse

Stecklenberg wurde 2009 nach Thale eingemeindet. Die Landesregierung versprach sich durch die Kommunalreform erhebliche Einsparungen. Scheinbar hat es an der göttlichen Eingebung gefehlt. Doch auch die neue Thalenser Regierung von Stecklenberg machte den Anschein, als müsse sie die eingemeindeten Orte wie Kolonien beherrschen und bevormunden. So kam es, dass alle Straßen umbenannt werden sollten, damit kein doppelter Name in der Stadt auftaucht und der Post-Ortsname nur noch Thale ist. In Stecklenberg entschied sich der Ortsrat vor jeden Straßennamen das Wort „Stecklenberger" zu setzen. Also machten sich kluge Thalenser Angestellte auf den Weg, erkundeten die Straßen und notierten die Straßennamen. Dabei schrieben sie auch ein Spaßschild auf, was in der Schulgasse an einer Garage angebracht war. Darauf stand „Hopfengasse".

Einstimmig beschloss der Stadtrat von Thale Beschluss-Nr. 205/2010 vom 07.10.2010 die Umbenennung der Stecklenberger Straßen, darunter auch der Hopfengasse. Seit dem gibt es in Stecklenberg offiziell die „Stecklenberger Hopfengasse". Auch ein Straßenschild mit dem Namen wurde pünktlich an die Stecklenberger geliefert. Die benutzen es als Wanderstraße und stellen es zu Volksfesten auf.

Die tapferen Schatzsucher

Nachdem der preußische Staat 1713 die Stecklenburg von der Familie von Hoym kaufte, die hier 500 Jahre gesessen hatten, verfiel die Burg zusehends. Besonderen Anteil daran hatten diejenigen Stecklenberger, die sich für ihre Häuserbauten Steine von der Burg stahlen. Als 1836 die Turmhaube bei einem Unwetter einstürzte, begannen einige sogar mit Pulver die Mauern zu sprengen. Schließlich verbot das Forstamt eine weitere Beschädigung der nunmehrigen Ruine: „Damit die Ruine als schauriges Denkmal ältester Vorzeiten von der Zeit selbst verkonsumiert werden würde." Doch erst nach einigen harten Bestrafungen hörte die Entnahme der Steine auf.

Schatzsucher hat es auf der Stecklenburg und der Lauenburg schon immer gegeben, doch wirkliche Schätze wurden nie gefunden, jedenfalls ist nichts darüber bekannt geworden. Um 1900 waren einige unterirdische Gänge noch gut erhalten. Daher beschlossen einige mutige Knaben aus Stecklenberg diese unterirdischen Gänge noch einmal gründlich auf Schätze zu kontrollieren. Vom Burgkeller ausgehend (der heute 2018 noch teilweise erhalten ist) krochen sie in die Gänge. Dort sollen an den Wänden noch die Kienspanhalter vorhanden gewesen sein. Ganz am Ende waren wieder Schmutz und Steine, die räumten sie beiseite und fand eine alte Holztür. Sie wurde aufgebrochen, doch dahinter waren wieder Schmutz und Steine und ein schmaler Durchgang. Plötzlich hörten die drei Mutigen ein wildes Fauchen, gleichzeitig kam ein plötzlicher Luftstoß, der die Kerze ausblies. In wilder Panik krochen sie zurück und liefen den Abhang hinunter in den sicheren Ort. Der eine hatte deutlich gesehen, wie sich eine feuerglühende Hand nach ihm ausstreckte, der Zweite hatte die weiße Frau deutlich auf seinem Rücken gespürt, wie sie ihn greifen wollte und der Dritte berichtete, dass ihn jemand am Bein festgehalten hätte und wenn er nicht laut „Ach du lieber Gott" gesagt hätte, wäre er sicher drinnen geblieben.

Die anderen Kinder bewunderten die Helden, die jetzt genau wussten, wo der Schatz liegt, der von Gespenstern bewacht wird, aber niemand wollte mehr in die Gänge kriechen.

Jetzt ist von den Eingängen nichts mehr erhalten, nur an einigen Stellen sieht man. wie die Erde eingebrochen ist. Schatzsucher gibt es nach wie vor, die heute modernerweise mit Metallsuchgeräten ausgestattet sind. Diese Leute können keine Schätze mehr finden, sie können nur weitere Schäden anrichten und Bodenfunde zerstören.

Was macht der Hund auf dem Sofa

Man kann nicht sagen, dass es in Stecklenberg eine Oppositionsbewegung gegen die DDR gegeben hätte, aber viele Bürger waren unzufrieden. Laut in der Öffentlichkeit durfte man seine Meinung nicht äußern. Die Waffe des kleinen Mannes war aber der politische Witz und der ging in Windeseile von Mund zu Mund, von Ohr zu Ohr. Die besten Witze brachten die Genossen der Parteileitung heimlich mit, denn die Stasi sammelte diese Witze, übrigens auch der BND, und gab sie der obersten Parteileitung bekannt, von wo aus die Witze wieder nach unten ins Volk sickerten. Man kann sagen: Früher konnten man seine Chef beschimpfen, aber nicht die Regierung, heute ist es umgekehrt.

Wenn es im Waldfrieden wieder ein lustiger Abend gewesen war und der eine oder andere Witz gegen die Obrigkeit etwas schärfer wurde, zahlte schnell der Dorfpolizist Walter Scholz (ABV = Abschnittsbevollmächtigter) und verließ die Kneipe, um nicht Zeuge zu werden. Zum Gaststätten-Schluss wurde die Tür verschlossen. Man nahm das vorgeschriebene Erich Honecker Bild von der Wand und stellte es auf das Sofa. Dann sangen alle gemeinsam den damals aktuellen Schlager: *Was macht der Hund auf dem Sofa, wie soll ich denn das versteh'n. Hau doch ab in dein Körbchen, ich kann dich nicht mehr seh'n.* usw. Ganz laut wurde nicht gesungen, denn wenn das rausgekommen wäre, hätten sicherlich einige Leute große Schwierigkeiten bekommen.

Die Wette

D azumal als in Stecklenberg das gute Braunbier gebraut wurde, gab es einen tüchtigen Braumeister, der sehr von seinem Bier schwärmte. Das Bier war zwar ein wohlschmeckendes, doch recht dünn und wenn die Leute in Stecklenberg und Umgebung etwas stärker zechen wollten, so tranken sie dazu einen Langhans, eine kleine Flasche Korn mit einem langen Hals aus einer der vielen Quedlinburger Kornbrennereien. Da entstand ein Streit im Palmschen Gasthof zwischen dem Braumeister und dem Viehhirten Johann. Viehhirte Hannes neckte ihn, das Bier tauge nicht für einen zünftigen Rausch und der Brauermeister meinte: „Mehr als 10 Ösel (5 ½ Liter) von meinem Bier hat noch niemand geschafft!" „Ha," sagte da der Viehhirte Hannes „mit meinem Freund zusammen schaffe ich von deinem Bier nicht nur diese 5 Quart, nein ein ganzes Oehmchen (28 Liter) und das in nur einer Stunde." Der Braumeister taxierte den Viehhirten und dachte bei sich, der sieht recht schlank aus, nicht wie eine Tonne, das wird er wohl nicht schaffen. „So wetten wir" sagte der Viehhirte. „Gut" erwiderte der Braumeister. „Wetten wir und der Verlierer soll nicht nur das Bier zahlen, sondern auch noch zwei gebratene Hühner drauflegen." - „Abgemacht, morgen Abend um sechs komme ich mit meinem Freund, dann gilt es. Stelle schon mal zwei Eimer mit Bier bereit."

Damals wurde das Bier nicht mit Kohlensäure gezapft, sondern es lief wenig schäumend aus einem Fass. Am nächsten Tag um 6 Uhr hatten sich schon eine Reihe Leute eingefunden, die das Schauspiel besichtigen wollten. Doch was war das? Hannes kam mit einem stattlichen Ochsen, den er am Nasenring führte. Die Ochsen damals waren gemütliche Tiere. Wenn im Frühjahr die Ochsen und Kühe auf eine Weide gelassen wurden, kam es zum Ochsenstoßen. Die zwei stärksten Ochsen stießen mit den Köpfen zusammen und versuchten einander wegzuschieben.

Hatte ein Ochse den anderen ein paar Schritte weggeschoben, so ging der andere beiseite und für diesen Sommer war die Rangordnung festgelegt, es gab keinen Streit mehr.

Hannes zeigte auf den Ochsen und sagte: „Das ist mein Freund". Dann gingen beide zu den zwei großen Eimern mit Bier. Hannes holte sich den größten Humpen, füllte ihn mit dem Bier. Die restlichen zwei Eimer stellte er dem durstigen Ochsen vor. Der Tag war heiß gewesen und beide hatten einen tüchtigen Durst. Als nun der Ochse den ersten Schluck von dem süßen Bier gekostet hatte, hört er nicht eher auf, als bis er beide Eimer restlos gelehrt hatte, und Hannes stand daneben trank genüsslich sein Maß und lachte zusammen mit den anderen Gästen den schimpfenden Braumeister aus, der nun auch noch zwei gebratene Hühner zahlen musste.

Wenn Hannes später mit seiner Herde am Krug vorbeikam, blieb immer der Ochse stehen und Hannes musste ihn weitertreiben, denn noch einmal wollte ihm keiner so viel Bier spendieren.

Die Wunderpille

Was Dr. Dehmer aus Suderode für die Menschen war, war für die Tiere in Stecklenberg Dr. Lehmann, der Tierarzt aus Quedlinburg. Am Stammtisch erzählte man sich die Geschichte, dass ein hiesiger Bauer zum Tierarzt kam:

„Dokter, de Kau is nu wieer so wiet, un mus jedeckt wern. Aber der Bulle will nech. Eck bruche mal wedder disse Pillen, die den Ossen of Trab bringn." - „Ja" meinte Doktor Lehmann: „Das ist schon eine Weile her, welche Sorte Pillen waren denn das." - „Den Nahm weß ick och nich mehr, et warn aber so ne roten, un die hebbn nach Pepperminz jeschmeckt."

Des Ochsenbalzen im Harz. Originalzeichnung von Prof. H. Hütke. (S. 102)

Das Ochsenstoßen im Harz.

Wenn die Rinder nach dem langen Winter das erste Mal auf die Weide dürfen, probieren die Bullen, wer der Stärkste ist. Nach kurzem Gerangel ist klar, wer der Anführer in diesem Jahr ist und die gemütlichen Harzrinder halten sich einen Sommer daran. Für die Hirten war es jedes Mal ein Schauspiel.

Die Wintersonnenwende

Im Süden von Stecklenberg sind hohe Berge und im Winter kommt die Sonne nicht mehr darüber. Ab Oktober beginnt sie sich langsam aus dem Wurmtal zurückzuziehen. Zur Wintersonnenwende am 21. Dezember scheint die Sonne ab der Eselsgasse das Tal hinunter und der größte Teil Stecklenbergs liegt im kühlen Schatten.

Bis Neujahr kommt sie täglich einen Hahnentritt weiter ins Tal. Am Dreikönigstag sind es schon große Mannschritte. Schließlich macht sie täglich einen Hirschsprung voran, um zu Lichtmess (2. Februar) an der Kirche zu sein. Doch bis der letzte Winkel im Wurmtal wieder Sonnenlicht hat, vergehen noch ein paar Wochen.

Drehwurm

R uth Lecköny war in den 1930ger Jahren als Kind auf dem Schützenfest in Stecklenberg. Besondere Freude hatte sie an dem Kettenkarussell. Für einen Groschen konnte man fünf Minuten fahren, aber ein Groschen war viel Geld. Also ging Ruth zu allen bekannten Onkels und Tanten, um einen Groschen zu ergattern, auch Albert Sterz der Wirt vom Waldfrieden gab ihr einen als Nachbar. Jetzt hatte Ruth drei Groschen. Sie ging zum Karussell-Fritzen und gab ihm alle drei Groschen. Sie war aber das einzige Kind, welches diese Runde fahren wollte. Der Karussell Bediener stellte das Karussell an. Inzwischen kam ein Bekannter, der ihn zu einem Bier einlud. Er blickte zurück „alles in Ordnung, 2 Minuten ein Bier, das geht schon mal." An der Bierbude kamen sie ins Gespräch und erzählten und nahmen noch ein Bier und erzählten bis plötzlich der Karussell-Onkel zusammen zuckte und schnell zu dem Karussell ging. Schnell hielt er das Karussell an und half Ruth herunter, die war ganz blass und torkelte und musste sich erst einmal eine ganze Weile hinsetzen. Für diesen Tag hatte sie genug vom Kettenkarussell.

Ein beschwipster Abend

B ei Saftsterz hatte G. einige Flaschen Kirschmost gekauft, um daraus Sauerkirschlikör zu bereiten. Als er mit den Freunden Willi und Werner beim Skat saß, spendierte er eine Flasche.

Der Trank mündete köstlich und so wurde eine zweite Flasche hervorgeholt und schließlich eine dritte. Die Stimmung wurde immer ausgelassener, angenehm beschwipst gingen sie schließlich nach Hause ins Bett. Am nächsten Tag nach dem Aufstehen wunderte sich G. beim Anblick der drei leeren Schnapsflaschen sehr. Jeder hatte eine Flasche intus und müsste jetzt einen Brummschädel haben, aber er fühlte sich putzmunter.

Bei der näheren Untersuchung der Flaschen stellt er fest, dass er beim Nachschubholen ausversehen zwei Mostflaschen erwischt hatte, die noch nicht mit Alkohol vermischt waren. Der Stimmung hatte es keinen Abbruch getan.

Der Name „Georgshöhe"

Ein Familienzweig des alten ostwestfälischen Adelsgeschlechtes der Herren von dem Bussche, dass in Halberstadt ansässig war, erwarb 1753 Besitzungen in Thale. Es waren die Herren von dem Bussche-Hünnefeld, die sich später „von dem Bussche-Streithorst" nannten und in Thale ein Rittergut bewirtschafteten und Forstwirtschaft betrieben.

Seit 1819 ist die Georgshöhe besiedelt. Der damalige Besitzer Freiherr von dem Bussche, verstorben am 17. Mai 1831 auf Steinhausen, hatte auf seinem Rittergut in Thale einen Gärtner Karl Sanderhoff, der in hohem Ansehen stand. Als er sich 1819 bei Gartenarbeiten den Fußknöchel brach und einen dauernden Schaden behielt, erbat er sich von seinem Dienstherren die Erlaubnis, auf der Georgshöhe gegen Entgelt Erfrischungen reichen zu dürfen. Er zimmerte sich zunächst selbst eine kleine Unterkunftshütte. Dabei wurde er von dem Gutsgärtner Daube unterstützt. In der größeren Stube hing unter Glas der Dankvers mit der Unterschrift: „Zum bleibenden Andenken an den Gutsgärtner C. Daube"

Als sich der Zuspruch mehrte, ließ der Freiherr Ernst August von dem Bussche-Streithorst in den Jahren 1826 - 29 nach und nach ein paar bescheidene steinerne Gebäude für Sanderhoff erstehen. Pacht brauchte der Invalide nicht zu zahlen. Er übernahm aber freiwillig die geringfügigen Reparaturen. Nur etwaige Sturmschäden blieben ausgeschlossen. Er versprach auch, den Weg zum Forstort „Streife" in gutem Zustand zu erhalten und nach Möglichkeit den Schutz des Waldes und des Wildes mit zu besorgen. Um 1850 hatte der bekannte Harzschriftsteller Pröhle die Georgshöhe besucht. Er rühmt in seinem 1850 gedruckten Buch aus dem Harze den Blick auf die meilenweiten Forsten und sagt, die Hecken von Tannengebüsch, welche von den Seiten die Hütte des Wirtes, eines ehrlichen Gärtners, umgeben, sowie die schönen Lauben aus Tannenzweigen rufen das Gefühl einer völligen Waldeinsamkeit hervor. Sanderhoff, der einst in Neinstedt in der Hauptstraße 20 wohnte, hat bis 1864 die Georgshöhe bewirtschaftet, dann zog er wieder nach Thale. Die Gutsherrschaft überließ ihm auch die Pacht seines Nachfolgers im Betrage von 20 Talern als Ruhegehalt. Mittlerweile hatte sich ein Neubau als sehr notwendig erwiesen. Ein niedriger Turm, in der Hauptsache aus Holz, war schon früher vorhanden gewesen. Jetzt wurde im Herbst 1867 nach dem Entwurf des Baurats Pelizäos in Halberstadt der jetzige steinerne Turm durch den Maurermeister Becker aus Thale errichtet. Der neue Pächter Franz Haase aus Stecklenberg übergab schon 1870 die Wirtschaft an Karl Große aus Thale. Die Pacht war auf 40 Taler erhöht worden. In späteren Jahren war die Gaststätte zeitweise mit der Försterwohnung vereinigt.

1945 wurde die Georgshöhe samt umliegenden Wald enteignet und Volkseigentum. Werner Janzen war 1960-1986 Wirt auf der Georgshöhe, sein Spitzname war Kommerzienrat. Dann übernahm Kuno Kaiser die Wirtschaft, der sie nach 1990 kaufte. 2001 erwarb die Familie v.d. Bussche die 421ha Forstfläche wieder. Die Georgshöhe wurde an einen wohlhabenden Bauunternehmer verkauft.

Doch jetzt zur Namensfindung: Der Baron von dem. Bussche-Streithorst hatte 8 Töchter. Sehnsüchtig wartete er auf einen Erbsohn. Oft besuchte er mit seiner Frau die Hütte von Sanderhoff auf der Höhe oberhalb des Schmiedebergs. An schönen Tagen, wenn der Baron auf seinem Gut unabkömmlich war, ließ sich die Baronin mit ihrer Zofe mit der Kutsche durch den Wald fahren. Auf der Hütte half der junge Sohn von Karl Sanderhoff seinem Vater bei der Wirtschaft und wenn hohe Herrschaften kamen, wurden sie von ihm mit besonderer Aufmerksamkeit bewirtet.

Der Familie des preußischen Königs wurde 1826 ein Sohn Georg von Preußen geboren (Friedrich Wilhelm Georg Ernst Prinz von Preußen 1826-1902). Wohl durch die wunderbare Harzluft gestärkt, wurde dem Baron 1828 ebenfalls ein Sohn beschert, den er nach dem Preußischen Prinz ebenfalls Georg nannte. Voll Freude benannte er die Höhe des Sanderhoff jetzt Georgshöhe, offiziell um die Preußen zu ehren. Auch ließ er den hölzernen Aussichtstur dazu errichten. (Bild um 1840)

Ein Fast-Unglück

Ein Stecklenberger, nennen wir ihn Ulli Kies, fuhr mit seinem Moskwitsch in Richtung Neinstedt. In der Nähe der Knüppelbrücke kam ihm ein Bekannter entgegen. Beide stiegen aus und unterhielten sich. Unbemerkt rollte der Moskwitsch langsam los. Da bemerkte Hans den Ausreißer. Er rannte hinterher, es war aber schon zu spät. Langsam fuhr der Wagen in den Bach und rollte sich aufs Dach. „Jetzt ist es sowieso zu spät!", sagte Hans und ging zu seinem Bekannten zurück.

Doch plötzlich zuckte er zusammen „…die Oma ist noch drin!" Beide rannten zum Wagen und öffneten die Tür. Oma Borghild war zum Glück nichts passiert.„Ich habe doch laut gerufen, als der Wagen los rollte, aber ihr habt ja nicht gehört."

Ein Hobbyjäger

Auch in Stecklenberg war 1990 die Wende vollzogen, der neue Rat hatte sich konstituiert, als Vorsitzender des Rates war Georg Baars gewählt worden, Bürgermeister wurde Achim Hartmann. Der Kultursaal war voll mit Bürgern, die insbesondere wissen wollten, was ihnen die neue Zeit bringt. Es wurden viele Fragen gestellt. Kalle Götze fragte, wenn sich ein Hirsch auf seinem Grundstück verirren würde, ob er den denn schießen dürfe. Die Antworten waren für ihn nicht befriedigend und so fragte Kalle dreimal nach, bis schließlich Georg Baars sagte: „Mensch Kalle, du hast doch keinen Jachtschein."

Wegen allgemeiner Heiterkeit musste die Sitzung einige Minuten unterbrochen werden.

Unter Verdacht

Wilhelm M. hatte einen Hund, den viele für vornehm hielten, denn er wurde mit Herr angesprochen. Herr Kules hieß aber in Wirklichkeit Herkules, auch war er nicht vornehm, sondern ein reinrassiger Dokö. Herkules war ein wachsamer, treuer Hund, doch nie war er aggressiv. Aber wenn die läufigen Hündinnen ihren Parfümduft im Ort verbreiteten, riss er schon gelegentlich aus, um sich mit den Damen zu amüsieren.

Eines Tages trat Wilhelm aus dem Haus in den Hof. Freudig aufgeregt kam ihm Herkules entgegen und wollte fast an ihm hochspringen, doch sein Maul und sein Fell waren blutig. Wilhelm wunderte sich. Er schaute zum Hühnerstall und sah die Tür halb offen. Im Stall sah er tote Hühner liegen und verängstigte Hühner in der Ecke auf einer Stange sitzen. „Herkules" rief er „das kostet dich dein Leben." Laut fluchend holte er die Axt hervor.

Inzwischen war Margarethe, seine Frau auch aus dem Haus gekommen und in den Hühnerstall gegangen, um die Ursache des Lärms zu erforschen. Wilhelm ging mit der Axt auf den Hund los, der vom bösen Blick und vom Schimpfen des Herrn ängstlich zurückwich.

Da schrie Margarete im Hühnerstall auf: „Wilhelm, Wilhelm komm schnell her." Wilhelm ging in den Stall, hinter der Tür lag ein toter Fuchs. Herkules hatte die Hühner beschützt und den räuberischen Fuchs umgebracht. Wilhelm wurde ganz blass. Er warf die Axt in die Ecke, rief seinen Hund und lobte und streichelte ihn. Vielleicht durfte Herkules an diesem Tag auch eine Extrawurst naschen, jedenfalls ließ Wilhelm auf seinen treuen Hund nie mehr etwas kommen.

Ein hungriger Gast

Im „Grünen Wald" übernachtete einmal ein durchreisender Gast, wohl ein Handelsreisender. Er hat einen großen Lederrucksack dabei, den er stets im Auge behielt und neben sich auf den Stuhl setzte. Damals vor 150 Jahren war es üblich, dass zum Abend gegessen wurde, was der Wirt auf den Tisch brachte. Als am nächsten Tag bei der Abreise die Zeche zu zahlen war, berechnete der Wirt Friedrich Palm zweimal Abendessen. Der Gast protestierte, aber es half nichts, der Wirt meinte, er hätte einen zweiten Stuhl besetzt, wo sonst ein anderer Gast hätte sitzen können. Also zahlte der Gast und ging.

Einige Zeit später kam der gleiche Gast wieder in den „Grünen Wald" und wieder stellte er seinen großen Lederrucksack neben sich auf den Stuhl. Doch diesmal war der Rucksack offen und immer wenn eine neue Schüssel aufgetragen wurde, so bekam auch der Rucksack seinen Anteil - eine halbe Leberwurst, einen Käse, ein Stück Butter, ein halbes Huhn, ein halbes Brot, einige Scheiben Schinken, eine halbe Bratwurst. Als der Wirt das sah, wurde er unfreundlich und fragte, was das solle. Da sagte der Gast: „Das letzte Mal hatte meinen Rucksack keinen Hunger und doch habe ich bezahlt, diesmal hat meinen Rucksack großen Hunger und das bezahle ich auch." Nun konnte der Wirt nichts mehr dagegen sagen. Der Rucksack aber hatte Hunger für drei.

Ein kühner Handel

Wilhelm M. aus Stecklenberg ging, es muss so um 1900 gewesen sein, an einem Sonntag nach Allrode um Verwandte zu besuchen. Anfangs lief er allein durch den Wald, dann traf er immer wieder einzelne Männer, die in eine bestimmte Richtung gingen.

Neugierig eilte er hinterher, zwar noch in Richtung seines Ziels, aber doch etwas abseits. Schließlich kam er an eine Waldwiese mit großen Holzstapeln. Davor stand ein Dutzend dunkel gekleideter Männer. Jetzt wurde ihm unheimlich, er vermutete eine Räuberbande, aber da hinter ihm noch mehr Männer kamen, traute er sich nicht auffällig wegzulaufen.

Die Fremden schauten ihn an und tuschelten untereinander. Dann kam einer der Männer auf ihn zu und fragte, was er hier wolle. Wilhelm sagte: „Das gleiche wie ihr." Der Mann ging wieder weg und kam kurz danach wieder. Zu dem verdutzten Wilhelm sagte er: „Wenn ihr weggeht, gebe ich euch zehn Mark." Wilhelm schluckte und sagte dann schlagfertig: „Das reicht nicht." Wieder ging der Mann weg und kam kurz darauf zurück. „Hier sind zwei 20 Mark Goldstücke, mehr geben wir nicht." Wortlos nahm Wilhelm die Münzen und machte sich schleunigst davon.

Angekommen in Allrode berichtete er von seinem Erlebnis, immerhin waren die Münzen ein halber Monatslohn für einen Hüttenarbeiter. „Ich weiß schon," sagte sein Allröder Vetter: „Da haben sich die Herren Holzhändler wieder abgesprochen und wollten einen lästigen Konkurrenten zur Holzversteigerung loswerden."

Ein Männertags-Ausflug

Was woanders Vatertag oder Herrentag heißt, heißt in unserer Gegend Männertag, also der Himmelfahrtstag am Donnerstag eine Woche vor Pfingsten. Nach alter Tradition zogen die Männer dann los und kamen recht angeheitert spät abends nach Hause. In diesem Jahr planten sie einen Ausflug mit einem Bus, den sie gemietet hatten. Zu ihrem Verdruss wollten die Frauen unbedingt mitfahren und kündigten großen Ärger an, wenn sie nicht mitdürften. Die Männer berieten sich und sagten, die Frauen dürften mit, aber sie müssten im Anhänger mitfahren.

Damit waren die Frauen einverstanden. Zur damaligen Zeit, fuhr der Bus oft mit einem Personenanhänger, um alle Passagiere befördern zu können. Am Männertag stiegen nun alle in lustiger Stimmung ein. Die Männer vorn und die Frauen im Anhänger. Dann fuhr der Bus los, aber oh Schreck der Anhänger blieb auf dem Parkplatz in Stecklenberg stehen und die Männer taten so, als wenn sie nichts bemerkt hätten und führten ihre Männertagestour wie gewohnt durch. Als sie abends wieder nach Hause kamen, gab es zwar ein Theater, aber jeder konnte sich damit herausreden, dass er das nicht gewusst oder gewollt hätte.

Eine harte Nacht

E mil Baade hatte 1900 das Gebirgshotel in Stecklenberg übernommen. Im Salon stand ein Billardtisch. Ein Gast saß nach Mitternacht noch in Salon und hatte dem guten Bier reichlich zugesagt. Die Kerze erlosch, Emil schloss die Türen ab. Der Gast erwachte, wollte aber niemanden durch Lärm wecken, also legte er sich auf den Billardtisch schlafen.

Den anderen Tag mache Baade die Rechnung auf: der Gast musste 2,40 Mark bezahlen, da der Gebrauch des Billards die Stunde 4 Groschen kostet, er aber von 12 Uhr abends bis 6 Uhr früh darauf gelegen habe, so mache dies 2,40 Mark.

Zauberei

Herr Voigt, der frühere Wirt des „Kaffee Roland" in Quedlinburg, hatte 1910 die Bewirtschaftung des bekannten Gebirgshotels Stecklenberg übernommen. Heute ist es das Pflegeheim. 1912 gastierte im Gebirgshotel ein Berliner Operetten-Ensemble. In der Pause trat ein Zauberkünstler auf. Der hatte für einen Taschen-Trick unbemerkt ein 3 Mark Stück in die Westentasche von Herrn Vogt gesteckt.

Während der Operetten-Aufführung blickte alles gebannt auf die Sänger. Herr Vogt fasste zufällig in die Tasche und fand das 3 Mark Stück. Erfreut über diesen Fund, sicher ein Trinkgeld, was er inzwischen vergessen hatte, bestellte er sich eine gute Zigarre für eine Mark bei der Kellnerin, die ihm sogleich die Zigarre brachte und ihm das Wechselgeld als zwei Mark Stück gab, welches er wieder in die Tasche steckte.

Nun trat der Zauberkünstler auf. An der Stelle mit dem Münztrick ließ er sich von einem Herrn in der ersten Reihe ein 3 Mark Stück geben. Dieses zauberte er zur allgemeinen Verwunderung weg. Dann tat er so, als wenn er es nicht finden könnte, es müsse wohl gestohlen sein, er hätte schon einen Verdacht, „ah" der Wirt war es bestimmt.

Der Wirt solle mal in seine rechte Westentasche greifen und das gestohlene Stück wieder herausholen. Alle blickten zu Herrn Vogt, der begann zu schmunzeln, fasste in die Tasche, hielt die Münze nach oben und rief laut: „Aus dem 3 Mark Stück sind ein 2 Mark Stück und eine Zigarre geworden!" die er brennend in der anderen Hand hielt. Dem Zauberkünstler erstarrte das Gesicht und der Saal tobte vor Lachen.

Eine harte Strafe

Philipp Nathusius hatte 1850 den Lindenhof in Neinstedt erworben und richtete dort zusammen mit seiner Frau Marie ein Knaben-Rettungshaus ein, aus dem sich später die Neinstedter Anstalten entwickelten. Neben dem Hof hatte er auch einige Äcker mit erworben. Um sie zu inspizieren, ritt er eines Tages durch die Flur. Dabei entdeckte er einen Mann, der mit einer Schlinge einen Hasen gefangen hatte. Es war ein Einwohner des Ortes, den er kannte. Dieser musste nun vor dem Pferd bis zum Dorfpolizisten herlaufen. Dort wurde kurzer Prozess gemacht und der Mann zu der hohen Summe von 25 Talern verurteilt. Das Geld sollte der Delinquent in der nächsten Woche einzahlen oder einige Zeit im Gefängnis sitzen. Die Familie des Mannes war aber arm und hielt sich nur mit Not über Wasser, es waren einige Kinder zu versorgen.

Am gleichen Abend, es war schon dunkel, klopfte es an der Tür des Wilddiebs. Vor der Tür stand Philipp Nathusius. Er tadelte noch einmal den Täter und meinte dann, das harte Urteil würde wohl andere von solchen Taten abschrecken, er wolle aber niemanden ins Unglück stürzen. Er gab ihm 25 Taler unter der Bedingung, dass er ihm hoch und heilig versprechen müsse, das Niemandem zu erzählen, nicht einmal seiner eigenen Frau und schon gar nicht der Frau Nathusius. Das versprach natürlich der erleichterte Familienvater.

Zwei Tage später, es war auch dunkel, klopfte es wieder an der Hütte. Diesmal stand Marie Nathusius vor der Tür. Sie meinte, letztendlich würden doch nur die Kinder von dieser harten Strafe betroffen. Sie reicht ihm 25 Thaler und nahm ihm das Versprechen ab, niemandem auf der Welt davon zu erzählen und schon gar nicht Herrn Nathusius, was unser Wilddieb sehr gern versprach.

Viele Jahre später, als der inzwischen geadelte Herr von Nathusius schon gestorben war, erzählte er dann doch die Geschichte zum Lob dieser Familie, die so viel für die Allgemeinheit getan hatte.

Eine Jagdgeschichte

Im Revier streifte seit Jahren ein alter erfahrener Hirsch herum, wohl vom 17. Kopf (17mal jährlich Geweih getragen). Also beschloss der Oberförster ihn zu erlegen, ehe er vor Altersschwäche dahin ginge. Er stellte sich an den Wechsel, wo er den Hirsch öfter gesehen hatte und brachte seinen Drilling (dreischüssiges Gewehr) in Stellung. Zunächst zog ein Alttier (weiblicher Hirsch) vertaut (langsam), entlang, ihr folgte ein Kalb, Hirschkalb oder Tierkalb (männlich oder weiblich) war nicht zu unterscheiden. Sie zogen auf Zehrung (Nahrung) wieder zu Holze. Nach einer Weile trat der alte Hirsch aus dem Holz. Er sicherte (musterte die Umgebung), die Lichter (Augen) und Windfang (Nase) erhoben. Er verhofft (prüft), dann trollt er (geht etwas schneller).

Der Oberförster spannte den Hahn und legte an. Das Klicken des Hahnes hatte der Hirsch gehört, er drehte den Kopf, stellte die Lauscher (Ohren) auf und als der Schuss krachte, ließ er sich als erfahrener Hirsch blitzschnell fallen. Er schreckt (gab einen Laut von sich). Doch der Oberförster hatte einen Drilling, nur eine Sekunde des Staunens schon hatte er die Büchse wieder angelegt. Der Hirsch war hochflüchtig, der Oberförster hielt die Büchse vor, damit die Kugel ihn im Sprung erwische, die Büchse krachte, der Hirsch blieb schlagartig stehen und die Kugel schlug vor ihm im Baum ein.

Jetzt rannte der Hirsch auf den Oberförster zu. Der feuerte aus seinem dritten Lauf Schrot. Der Hirsch sprang nach oben und die Schrotgarbe ging in die Erde. Schnell riss der Oberförster den Hirschfänger aus der Scheide und warf nach dem Hirsch, doch der Stahl bohrte sich nur in das Geweih, kein Schweiss (Blut) war zu sehen und der Hirsch flüchtete mit dem Stahl fort ins Holz.

Jetzt hatte der Oberförster keine Waffe mehr. Der Hirsch sprang an ihm vorbei. Zornig riss er das Jagdhorn herunter und schleuderte es dem Hirsch nach. Diesmal war es ein Treffer. Das Rohr blieb im Weidloch (After) des Hirsches stecken und dieser lies vor Schreck etwas Gas entweichen, welches einen lauten Ton ergab.

Für diesen Tag war der Hirsch entwischt, doch am nächsten Tag schlich der Oberförster durch den Wald und immer, wenn er einen Ton aus seinem Jagdhorn hörte, pirschte er sich näher bis er schließlich dem Hirsch eine Kugel antragen konnte. So bekam er schließlich den Hirsch und auch seinen Hirschfänger und sein Jagdhorn zurück. Doch unter Fachleuten wurde noch lange gestritten, ob diese Art der Jagd waidgerecht wäre.

Eine Sauhatz

Hat doch der Harz für den überfeinerten Lüstling oft nur durch seine Jagdreviere und seine Flüsse, die ihm Wildpret, Forellen und Schmerlinge liefern, einiges Interesse. Die Jagdliebhaberei gehört ja ohnedies zu den Haupt-Passionen mancher Angesehenen und auch in dieser Vergnügungsart wird Wechsel gesucht. Die Feldjagd, mit ihren Hasen und Hühnern ist etwas Alltägliches geworden. Um eine Sauhetze ist es zu thun, das schießbare Hochwild komme, woher es wolle. Um es sicherer den jagdlustigen Gästen vorzuführen, mussten die Koben des Amtshofes in Anspruch genommen werden.

Darum ließ einst ein geselliger Wirth des Kruges in Stecklenberg, zu einer Tragi-Comödie, eine Anzahl seiner zahmen Schweine schwärzlich anfärben, und hinter die Felsenwand bei Neinstedt, die die Teufelsmauer heißt, ein schöner Vorhang in einer Jagd-Scene, verstecken. Der Theaterstreich gelang durch eine sichere Täuschung. Gerüstet und voll Thatendurst erschien das jagende Personal an der angewiesenen Bühne, die Helden des Tages voran. Das Theaterwild hinter der Mauer wurde losgelassen, und den blutdurstigen Jägern entgegengetrieben.

Es fällt, ein Triumph feiner Schützen. Der Wiederhall von dem Donner ihrer Büchsen verkündet die Großthat. Nie gab es eine gelungenere Sauhetze. Zur Fortsetzung der Täu-schung wurde das erlegte Stallwild, in der Stille, hinter die Coulissen geschleppt, und nach der Section des Amtsschlächters, den Natur-Deputanten willkommen, in Schinken, Wurst und Pökelfleisch verwandelt, unterdessen an der Mittagstafel des abgeschliffenen Wirths, der mit Goldschaum geschmückte Kopf eines, in Ballenstedt erkauftem Ebers prangte. Die vollen Becher erklangen zu Ehren der hochherzigen Helden, und eine Jagdmusik verstärkte die Ausdrücke des Jubels.

So hausten, der frühen üppigen Bewohner der Stecklenburg nicht unwerth, auch in späterer Zeit hier genußsüchtige Weltlinge. In demselben Geiste der Gefälligkeit gegen irdische Größe und Rang, wurden auch einst die großen Bode-Schmerlinge, durch Hülfe der Extrapost und des von Relais zu Relais bereit gehaltenen frischen Flußwassers, dreißig Meilen weit von hier in der Küche eines Magnaten spediert; auf gleiche Weise ging eine Gesellschaft lebendig eingefangener Hasen in Säcke eingepackt, zu einer weit entfernten Gutsjagd über. *(aufgeschrieben von Johann Friedrich Krieger: Die Bodethäler im Unterharz, Halberstadt 1819)*

Eine Schulstrafe

Die körperliche Züchtigung in der Schule wurde im Gebiet der DDR 1945 abgeschafft, 1973 in der BRD, nach 1980 auch in Bayern, in England 1999 und in den USA ist sie teilweise noch erlaubt, soviel zu den Vorreitern der Menschenrechte. Also waren bis zum Kriegsende 1945 auch in Stecklenberg Schläge mit einem Lineal oder Rohrstock auf die Handflächen des Schülers üblich. Danach gab es nur noch selten eine Ohrfeige durch den Lehrer, wir wollen keine Namen nennen.

In den 30ger Jahren wollte der Lehrer die Reinlichkeit der Schüler verbessern. Er warnte die Kinder, schmutzig zu erscheinen und ließ sich am nächsten Morgen die Hände vorzeigen. Der kleine Paul wischte rasch die rechte Hand an der Hose ab und zeigte sie zaghaft vor. Der Lehrer war empört: „So eine Pottsau, das gibt zehn Stockschläge auf die Finger." Paul zögerte die Hand zur Bestrafung auszustrecken, da meinte der Lehrer: „Wenn ich hier noch eine dreckigere Hand finde, kommst du so davon." Da strecke Paul seine andere Hand aus und der Lehrer musste lachen & Paul entging der Strafe.

Eine teure Zigarre

Enno Sterz führte einen Kolonialwarenladen in Stecklenberg Hausnummer 71. Eines Tages gingen zwei junge Männer, wohl Sommergäste am Laden vorbei. Sie unterhielten sich laut und kicherten, hatten wohl gegenüber im Grünen Wald schon ein Bierchen gepichelt. Enno bemerkte, wie sie sich etwas zu tuschelten und dann in den Laden kamen. Sie wollten auf Ennos Kosten lachen und etwas bestellen was es gar nicht gab, doch er ahnte so etwas. Als er nach Ihren Wünschen fragte, meinte der eine: „Eine Remington Kuba Zigarre bitte" und setzte auf dem fragenden Blick von Enno hinzu „…die ist in diesem Jahr sehr beliebt und alle guten Geschäfte haben sie!"

„Selbstverständlich", antwortete Enno, „darf ich sie gleich anschneiden?" - „Äh, ja" war die verblüffte Antwort. Enno ging nach hinten und holte eine große Zigarre, löste die Bauchbinde ab, trat hervor und schnitt die beiden Spitzen der Zigarre mit einem Zigarrenschneider ab. Dann wickelte er die Zigarre in Seidenpapier und reichte sie dem Herrn. „Kostet 5 Mark", sagte er. „Oh, das ist mir aber zu teuer.", sagte der junge Mann. - „Das ist nicht zu teuer. In der Stadt können Sie dafür leicht das Doppelte bezahlen, es ist ja schließlich die Zigarre der Saison. Leider kann ich sie nicht zurücknehmen, denn ich sollte sie ja schon anschneiden." Die beiden jungen Männer kramten 5 Reichsmark zusammen, zahlten und gingen, ohne zu lachen davon. Sicher hat die Zigarre gut geschmeckt, aber in den Laden kamen sie nicht wieder. Im Laden lachte dafür der pfiffige Enno.

Spuk auf der Elfenwiese

Die Stecklenberger gingen häufig, wenn sie nach Quedlinburg wollten, über Suderode. Einmal kam spätabends ein Mann mit seiner Frau von der Stadt. Als sie bei der Wiese vorbeikamen, schlug es zwölf in Suderode. Da hörten sie plötzlich Stimmengewirr. Sie sahen sich um und gewahrten über der Wiese kämpfende Truppen. Sie sahen den Pulverdampf, hörten aber kein Schießen. Während des Kampfes konnten sie sich nicht vom Platze bewegen. Erst als es ein Uhr schlug, verschwanden die Soldaten, und alles war wieder still. Nun konnten sie weiter gehen.
(aufgeschrieben von Rektor Haase, in: Stecklenberger Sagen)

Schatzgräber der Lauenburg

Allgemein war unter den niederen Menschen jener Zeit das Gerede, in diesem alten Gemäuer ständen große Schätze an und sei Gold verborgen, und mancher grub vergebens danach. Einige arglistige Betrüger machten sich dieses zu Nutze.

Sie suchten einigen Leuten in hiesiger Gegend es glaubhaft zu machen, daß sie Geister bannen und Schätze heben könnten, nur wäre es eine gewisse Nacht und es gehörte auch eine Summe Geld dazu, die Anstalten zu treffen. Die einfältigen Leute waren schwach genug, dieses zu glauben, und speisten diese eine Zeit sehr vornehm, und gaben auch die verlangte Geldsumme, unter der betrügerischen Hoffnung her, dadurch rechte reiche Leute zu werden.

Endlich kam die Nacht, wo ihre Geld-Begierde sollte gesättigt werden. In Gedanken betrachteten sie sich schon als die vornehmsten Leute in der ganzen Gegend. Sie begaben sich mit Anbruch der Nacht hierher auf diese Ruinen; es wurde ein Kreis mit lauter Gaukeleien gemacht, in welchen die Leute, unter der größten Furcht und Angstschweiß, hineintraten. Der Betrüger fing nun an lauter unverständliche Worte her zu murmeln, und gaukelhafte Gebärden und Bewegungen zu machen; endlich nahete sich, mit einem fürchterlichen Geprassel, ein Ungeheuer dem Kreise; beinahe wären die Leute des Todes im Kreise gewesen. Der Betrüger redet dieses Ungeheuer an: ob es der Geist wäre, welches den Schatz in diesem Gemäuer in Verwahrung hätte, und wie viel der Schatz betrüge? Die Antwort des Ungeheuers war eine große Summe gewesen. Nun befiehlt der Betrüger diesem vermeinten Geist, er soll sogleich diesen verborgenen Schatz herausgeben. Der Geist gibt aber zur Antwort: der Schatz solle gleich herausgegeben werden, wenn sich unter den Leuten einer entschließen wollte, sich ihm ganz zum Eigenthum zu geben. Keiner wollte sich nun entschließen; also murmelte der Betrüger wieder etwas, und der Geist nahm ebenso wieder Abschied, wie er gekommen war. Den Leuten gab er eine Bedenkzeit, - und er ging mit dem Gelde davon.

Hinterher erfuhren die Leute, zwar zu ihrem Schmerz, aber doch auch zu ihrer Belehrung, daß das Ungeheuer ein Mitglied des Betrügers gewesen sey, welcher sich, so fürchterlich verkleidet, zur bestimmten Stunde an Ort und Stelle begeben mußte.

Dergleichen Geschichten, liebe Kinder, haben sich viele tausend zugetragen welche sich nachher nicht so entwickelt und aufgeklärt haben, wie diese. Bei solchen unenthüllten Geschichten ließen denn die abergläubischen Leute es sich nicht aus dem Sinne reden, sie blieben dabei, es wären Geister gewesen.

Aber auch manche Kraft der Natur, welche noch vor kurzer Zeit den Menschen unbekannt war, hat zu solchen Gedanken Gelegenheit gegeben. An einem schwülen Sommerabende lege ich mich zu Bette; kaum liege ich und wache noch, so rüttelt sich die ganze Bettsponde mit mir zweimal, und ich sah und hörte nichts. *(aufgeschrieben von Heinrich Hauer: Lustreisen mit Kindern in den Harz, Qlb 1802)*

Der Weddehagen bei Thale

*I*n der Nähe der Georgshöhe liegt der vom Freiherrn von dem Bussche-Streithorst erworbene Forstort Weddehagen, welcher im 19. Jahrhundert zu den Gemeinden Thale, Neinstedt, Warnstedt und Weddersleben gehörte. Dieser Wald soll den vorbenannten Gemeinden einst von Raubgrafen Albrecht von Reinstein als Wedde (Buße) für viele in den Dörfern begangene Freveltaten und Räubereien übereignet worden sein, und zwar auf Geheiß des Bischofs zu Halberstadt. *(aufgeschrieben von Heinrich Pröhle)*

Das weiße Schaf vom Elzeberg

*H*inter dem Tannenkopf war eine Kalkhütte. Dort stand oft ein weißes Schaf, das erschreckte durch sein Blöken die Hüttenleute. Einmal wagte es ein Mann und ging auf das Schaf zu. Da stand plötzlich eine weiße Frau vor ihm mit einem Beutel voll Gold. Sie fragte ihn: „Was ist dein Begehr?" Hätte er geantwortet: „Dat lat mack Gott te gude kamen un deck de ewije Ruhe", dann würde er das Gold erhalten haben. *(aufgeschrieben nach Rektor Haase)*

Eine traurige Geschichte

Hört die traurige Geschichte von des Fritzens großer Tat,
die sich so, wie ich berichte, einmal zugetragen hat.
Schon zehn Jahre war der Fritze und zwei Wochen ungefähr,
als er glaubte, daß die Schule nicht mehr nötig für ihn wär.
Und so legte er beflissen beide Hände übern Bauch.
Glaubte schon genug zu wissen.
Das glaubt mancher von euch auch.
Einmal ging er hoch ins Wurmtal,
kam an einen wilden Bach:
Doch statt ruhig sittsam wandern,
macht er fürchterlichen Krach.
An der kleinen Knüppelbrücke fing er an sich auszutoben.
Das Geländer brach in Stücke,
naß war Fritzens Hosenboden.
Dann nahm er das große Messer,
das er Muttern heimlich stahl,
ritzte überall die Rinde, machte viele Bäumchen kahl.
In dem Tann das Nest der Meise hat mit Freuden er zerstört.
Hat das ängstliche Gepiepse
der kleinen Meisen nicht gehört.
An dem Schild „Hier geht's nach Thale"
hat er sich so dann ergötzt.
Hat mit sieben großen Steinen es dann ganz und gar zerfetzt.
Doch der letzte Stein, der prallte
unserm Fritz grad vor den Kopf,
und inmitten Schildgesplitter liegt er nun da, der arme Tropf.
Als er nun mal endlich stille,
grunzt neben ihm ein wildes Schwein.
Hat er doch gleich Angst bekommen,
wild fängt er wieder an zu schrein.
Weil es dämmert kühl und bang, macht er sich ein Feuer an.

Trocknes Laub und trocknes Gras machen dabei Riesenspaß.
Doch immer größer wird der Brand.
Am liebsten wär er fortgerannt.
Doch stolpern, fallen,
sapperlot— die Flammen haben ihn eingeholt.
Schrecklich wimmernd, halb verbrannt,
ist er dann nach Haus gerannt.
Den Hintern bloß, den Bauch versengt.
Den einen Arm ganz ausgerenkt.
Das Gesicht wie eine Fratze, auf dem Kopfe eine Glatze, steht er da,
der Taugenichts.
Seid ihr besser? Hoffentlich!

(Hans Müller, Stecklenberg)

Eine volle Kutsche

Louis B. war Bauer in Stecklenberg. In der Notzeit in den 1920 er Jahren war er auf einen Zuverdienst angewiesen und fuhr die Sommergäste mit der Kutsche spazieren. Früh um Vier begann für Ihn der Tag mit der Versorgung des Viehs, spät in der Nacht endete der Tag ebenso. Bei schönem Wetter reisten sie mit dem Landauer durch den Harz. War es regnerisch, so holte Luis mit der geschlossenen Kutsche Gäste von der Bahn in Neinstedt ab. Einmal war ein Spaßvogel unter den Gästen. Er war mit zwei Freunden in die Kutsche gestiegen und sagte zum Kutscher, es kann losgehen. Louis aber sagte, er wolle noch auf einen Vierten warten, damit sich die Fahrt lohnt. Der Spaßvogel stieg unbemerkt auf der anderen Seite der Kutsche wieder aus, ging um die Kutsche herum, zog den Hut ins Gesicht, grüßte den Kutscher und stieg ein. Seine Freunde prusteten vor Lachen und so wechselte der Spaßvogel mit einem Freund den Hut und stieg erneut aus, um den Kutscher zu necken und als Fünfter einzusteigen.

Doch in diesem Moment lies Louis die Peitsche knallen und die Pferde bewegten sich im schnellen Trab in Richtung Stecklenberg. Der verdutzte Spaßvogel stand draußen und rief ein Halt-Halt, doch auf dem Kopfsteinpflaster war das nicht zu hören und so musste er den halben Weg bis Stecklenberg hinterherrennen, bis er die Kutsche wieder eingeholt hatte.

Eine Weihnachtsgeschichte

Willy Höhne ist längst schon nicht mehr unter uns, er wäre jetzt wohl über 100 Jahre alt. Als er schon ein alter Mann war, erzählte er eine Geschichte seine Kindheit, die ihn noch viele Jahrzehnte später sehr bewegt hat: Es war in der Notzeit in den 20er Jahren, als Willy mit seinen Eltern über den Markt von Quedlinburg schlenderte und am Schaufenster eines großen Spielwarengeschäftes stehen blieb. Unter den vielen schönen Spielsachen waren auch Dampfmaschinen. Von einer Dampfmaschine war Willy sofort begeistert. Sie hatte alles, was man sich wünschen konnte. Willi zeigte auf diese Dampfmaschine sagte: „Ihr braucht mir nichts weiter zu verschenken, aber diese Dampfmaschine möchte ich haben." Die Eltern schauten sich an und sagten: „Die ist sehr teuer, wir wollen Dir ja etwas Schönes schenken, aber diese Teure können wir uns nicht leisten. Da drüben steht auch eine Dampfmaschine, die funktioniert genauso gut und kostet nur ein Viertel. Sei nicht traurig, aber die teure Dampfmaschine können wir nicht kaufen." Willy war traurig, aber er sah ein, dass, wo wenig Geld ist, auch nicht alle Wünsche erfüllt werden können.

Kurz vor Weihnachten als die Eltern nicht im Hause waren, packte Willi eine unheimliche Neugier, wie bei allen Kindern, was denn die Eltern im Schrank zur Bescherung versteckt hätten. Er suchte und fand im Wäscheschrank im Schlafzimmer ganz hinten versteckt einen Karton. Als er ihn öffnete war er sprachlos. Es war die Dampfmaschine, die er sich so sehr gewünscht hatte.

Willi musste sich erst einmal auf den Boden setzen und die Tränen liefen ihm über das Gesicht. Dann packt er alles wieder an seinen Platz. Am Heiligabend war er natürlich, wie alle Kinder aufgeregt und gespannt. Das Glöckchen ertönte zur Bescherung und er durfte in die gute Stube und unter dem Weihnachtsbaum stand seine Dampf-maschine. Er erzählte später, dass er seine Eltern noch nie belogen hatte, aber in dieser Situation machte er Freudensprünge und tat über-wältigt. Er hatte wieder Tränen in den Augen und die waren echt. Aber die größte Freude war für ihn, wie sich seine Eltern mit ihm freuten und er bedankte sich vielmals bei ihnen. Er hat ihnen niemals erzählt, dass er von dem Geschenk schon vor Weihnachten wusste. Technikbegeistert wie er war, studierte er später Physik und wurde Physiklehrer an einem Gymnasium. Dort hat er uns Schülern einmal diese Geschichte vor Weihnachten erzählt.

Eine Wunderheilung

Jacob Kruse wohnte in Stecklenberg. Er arbeitete manchmal als Schneider und wenn das nicht reichte, verdingte er sich als Tagelöhner und im Sommer war er Öbster. Auf der Ansied-lungsurkunde hat er mit 3 Kreuzen unterschrieben, wie fast alle damals. Seine Frau Susanna litt an Suada, oder genauer gesagt litt nicht Sie, sondern ihr Mann unter ihrem ununterbrochenen Redefluss. Hinzu kam, dass sie eine schrille Stimme hatte und wenn sie von ihrem Mann etwas wollte, diese auch mit gehöriger Lautstärke ein-setze. So ist es nicht verwunderlich, dass Jacob oft im Krug sein strapaziertes Gehör mit etwas Flüssigkeit kurierte. Man kann nicht sagen, dass das selten war, aber wenn, kurierte er richtig. Jacob war also dafür bekannt, dass er gelegentlich schwankend nach Hause ging oder gar gestützt werden musste.

Um diese Zeit vor 200 Jahren gab es in Stecklenberg den Wunder-heiler Kahmann. Der kurierte seine Patienten mit dem Stecklen-berger Wunderwasser aus der Quelle, die jetzt Calciumquelle heißt.

So kam er eines Nachts aus Gernrode mit seinem Knecht gegangen. Dort hatte er einer wohlhabenden Dame sein Wunderwasser gebracht. Wie sie nun am Dorfteich von Stecklenberg anlangten, sahen sie etwas Dunkles am Ufer liegen. Näher gekommen bemerkten sie, dass es der Jacob war. Er war so volltrunken, dass er hier hingefallen war und seinen Rausch ausschlief und alles Rütteln nichts half. „Den können wir hier nicht liegen lassen.", sagte Kahmann zu seinem Knecht. „Jochen-Jochen hole unsere Schubkarre.", dann überlegte er kurz, „Ach und bringe meine große Medizintasche gleich mit." „Ma-mache ich", sagte Jochen, der manchmal ein klein wenig stotterte und deshalb von allen Jochen-Jochen genannt wurde.

Als Jochen wiederkam, nahm Kahmann zwei große Schienen und Verbandszeug aus seiner Wundertasche und verband dem Jacob ein Bein von unten bis oben schön fest. Dann legten sie ihn auf die Mistkarre und fuhren ihn nach Hause. Jacobs Frau Susanna erklärte Kahmann, dass Jacob betrunken gestürzt sein und hätte sich ein Bein gebrochen. Unter keinen Umständen dürften die Schienen und die Binden vor Ablauf von 6 Wochen abgenommen werden und täglich solle er zwei Maß von seinem Wunderwasser trinken.

Jacob hatte von alledem nichts mitbekommen und wunderte sich am nächsten Tag über die Schmerzen im Bein, denn Kahmann hatte es doch schön fest verschnürt. Also musste er zu Hause bleiben und fleißig seinem Schneiderhandwerk nachgehen. Arbeit bekam er genug, denn um den Jakob zu sehen, der betrunken ein Bein gebrochen hatte, kam der eine oder andere mit Sachen zum Flicken oder brauchte er plötzlich eine neue Jacke. Jacob war es sehr unangenehm und er schämte sich sehr, wie er da mit seinem verbundenen Bein saß, und jeder fragte, wie das passiert sei. Nach 6 Wochen kam Kamann, nahm den Verband ab, tastete das Bein ab und erklärte es für wieder vollkommen gesund. Einen Lohn für seine Mühe wollte er nicht. - Jacob wurde nicht mehr oft im Krug gesehen und wenn, trank er nur ein kleines Stecklenberger Braunbier und keinen Korn mehr dazu.

Eine Sage der Teufelsmauer

D er Herbststurm heulte. Zornig brauste die wilde Bode, vom Wehr gehemmt, in ihrem kiesigen Bette. Seltsam nahegerückt, in dunklem Grau, erschien die Teufelsmauer mit ihren zerhackten Felsen noch größer als sonst. Schon legte sich die Dämmerung, »diese unheimlich fahle Stunde vor dem Tode des Tages«, in die Flur, da stand der Wanderer vor einem der wuchtigsten und stolzesten unter den Naturdenkmälern unserer Heimat, dem Königstein oder Adlerfelsen.

Während der Einsame sinnend tiefergreifenden Tönen der Vergangenheit lauschte, hatte ihn geräuschlos der Abend gefangen. Riesenhaft wuchsen die Zeugen der Urzeit ins Unendliche. - Doch, was kroch dort den Berg hinan? Ein Reiter auf keuchendem Pferde? Jetzt kamen sie näher . . . Heiße Sehnsucht riß den Blick des Mannes in weite Ferne.

Da stand plötzliche wie aus der Erde gewachsen, eine hagere Gestalt neben ihm. Tückisch blitzende Augen flößten dem sonst Beherzten ein leises Grauen ein. „Wer bist du, was willst du?" Egbert, der junge sächsische Edeling rief es dem unheimlichen Fremden zu. „Ich bin ein Bote deiner geliebten Tusnelda. Sie läßt dich bitten, umzukehren. Ihr Vater hat von euren heimlichen Zusammenkünften erfahren. Er weiß, dass ihr euch dem Evangelium der Liebe und des Friedens zugewendet habt. Und will nun grimmige Rache an dir nehmen. Also weiche!" Stolz richtet sich der junge Recke im Sattel empor. „Ein Christ fürchtet keine Gefahr. Hoiho! Heran meine Getreuen! Auf zum Kampf gegen Luitbrand!"

Da stürmt es donnernd heran mit schnaufenden Rossen. Hilfe war es für den Vorausgeeilten. Doch als die Höhe erklommen, sauste mit Donnergetöse ein Hagel von Felsstücken hernieder. Mitten in der Nacht ein kurzer Kampf. Bald lagen alle am Boden. Erbleichend sah Eckbert seine Gefährten sterben.

Abermals stand der unheimliche Fremde neben ihm. Mit höllischer Kraft umfasste er Egbert und schrie ihm die Bedingungen ins Ohr: „Unterschreib' mit deinem Blute, dem Christengotte zu entsagen. Dann sollst du leben und alsbald deine Geliebte besitzen."

Glaube und Liebe stritten. Da kam Egbert der Entschluß, den ihm vorgelegten Schein, mit einem falschen Namen zu versehen. Kaum geschehen, sah er Tusnelda in aller Lieblichkeit vor sich. Aufjauchzend stürzte er auf sie zu. Doch was war das? Eiseskälte ging von ihr aus, und mit Entsetzen hielt er eine Tote in seinen Armen. Wildes Hohngelächter erscholl neben ihm. Mit einem gräßlichen Fluch erfasste der Teufel den Betrüger und stürzte den Unglücklichen von Felsen herab. -Teufelsmauer! *(aufgeschrieben von H. Haase, Neinstedt)*

Todesfahrt

Mein Großvater erzählte 1960 eine Geschichte, die er von seinem Freund aus Thale erfahren hatte, der wiederum eine Verwandte der Betroffenen kannte, also musste diese Geschichte die volle Wahrheit sein: Ein junges Pärchen fuhr mit dem Motorrad nach Güntersberge zum Waldsee. Dort verlebten sie einen vergnügten Nachmittag ganz am Rande der Wiese. Am späten Nachmittag packten sie ihre Sachen zusammen, setzten ihre Rucksäcke auf und fuhren mit dem Motorrad zurück nach Thale. Der junge Mann stieg vom Motorrad ab, doch seine Freundin fiel tot herunter.

Man untersuchte den Fall und fand eine Kreuzotter, die sich in den Rucksack verkrochen hatte. Als sie nun fuhren hat die Kreuzotter durch den Rucksack und die Kleidung in den Rücken der Freundin gebissen, so dass diese daran gestorben ist. Jetzt mag einer sagen, dass das Gift einer Kreuzotter nicht ausreicht, um eine junge Frau umzubringen und die Zähne nicht lang genug sind, um durch Rucksack und Kleidung zu stechen, so muss man doch sagen, dass die Kreuzottern damals viel, viel größer waren.

Friedel Durbe, der Dorfgeiger von Stecklenberg

Es sind bis heute fünfzig Jahre vergangen, seit ich als eben vormundlos gewordener Mann heiter an einem Wanderstab ein Stückchen von Deutschland durchzog, auch den Harz. Ich durchstreifte ihn rechts und links, bergauf, talein und wieder bergauf, denn da und dort oben drehte ich mich gern rundum und sang freudig in die reine Luft:

> *O Luft, vom Berg zu schauen weithin auf Tal und Strom,*
> *und über sich den blauen tief klaren Himmelsdom.*

Wenn es dann Abend wurde und ich von einem Försterhaus in der Nähe erfuhr, gab ich mir alle Mühe, dort eine Nachtherberge zu erlangen; doch auch das Amtmanns- und Pfarrerhaus fand ich dazu wonnig gelegen. Meine Phantasie, voll von den Schilderungen damaliger Dichter, war überzeugt, Förster-, Amtmanns- und Pfarrer-Wohnungen lägen noch mitten im Paradies, und in keinem fehle eine schöne, überaus liebenswürdige Tochter, oder es wären wohl gar unter einem solchen Dach liebreizende Damen.

Auf meinen Zügen kreuz und quer hatte ich oft die Landstraße nach Halberstadt berührt und nie versäumt, einem alten Mann, der am Weg vor einem Bethäuschen saß und gar nicht übel seine Violine spielte, eine Gabe in den Hut zu werfen. Er war blind, ihm zu Füßen lag neben Ränzchen und Krückstock ein Hund, der durch die Leine am Halsband zeigte, daß er seines Herrn Führer sei. Gewöhnlich blieb ich stehen und hörte eine Weile zu, und mit Vergnügen beobachtete ich, daß beinahe niemand vorüberschritt, der nicht mit dem Gruß: »Guten Tag« oder »Guten Abend, Vater Durbe!« eine kleine Münze in den Hut warf.

Neben dem Alten sah man ein an einem Stock befestigtes Blatt, auf dem geschrieben stand: »Gottes Lohn und Dank von Mariens Tochter!«

Diese mehrmals von mir gelesenen Worte beschäftigten meine Gedanken, und als ich eines Abends wieder so glücklich war, nicht weit von jener Landstraße mich in einem Försterhaus, vor welchem ich in der Tat ein paar hübsche Mädchen zu begrüßen hatte, einzuquartieren, fragte ich die zutraulich redseligen Schwestern Elsbeth und Wilhelmine nach dem alten Geiger und seinem Sinnspruch. »O, der Arme hat eine rührende Lebensgeschichte«, sagte Elsbeth bewegt »ich würde sie aber schlechter erzählen, als sie geschrieben zu lesen ist. Der Schullehrer im Dorf Neinstedt hat sie aufgezeichnet und läßt von Schulkindern zu deren Übung Abschriften anfertigen, die er dann zum Vorteil des Blinden verkauft.«

Am nächsten Morgen war ich bei dem Schullehrer und erhielt die folgende Geschichte:

Friedel Durbe, der Dorfgeiger von Stecklenberg

Er ist Anno 1741 in diesem Dorf geboren als Sohn meines mit vielen Körperleiden geplagten Vorgängers, der sechs Kinder hatte, die so bald als möglich zum Erwerb mithelfen mußten, aber fast sämtlich, wie Vater und Mutter, frühzeitig starben. Friedel kam zu dem damaligen Dorfgeiger in die Lehre und war bald so weit, um hier und dort bei Festen und in den Wirtshäusern aufzuspielen. Bei einer solchen Gelegenheit gewann er die Tochter des Krugwirts im Dorf Stecklenberg lieb. Marie schien jedoch einem Bauerssohn, Justin Höxter, mehr geneigt zu sein als ihm, obwohl sie stets freundlich zu Friedel war. Aber Justin war wohlhabend, und Friedel, dessen Verwandte ihn nicht unterstützen konnten, sondern im Gegenteil stets von ihm Hilfe begehrten, verlor alle Hoffnung; er wurde eifersüchtig und trübsinnig, sagte auch zuweilen im Unmut zu dem Mädchen: »Du trachtest mehr nach Geld als nach einem Herzen voll ewiger Liebe, und um dich zu gewinnen, müßt' ich einen Reichen berauben können!«

92

An einem Herbstsonntag Anno 1761 spielte Friedel wieder auf im Krug zu Stecklenberg. Zahlreiche Gäste waren versammelt, unter ihnen auch mehrere unbekannte. Justin hatte sich ebenfalls eingefunden und wählte fast immer Marie als Tänzerin, so daß er darüber Händel bekam, diese jedoch kühn und keck ausfocht. Als das geschehen war und der Tanz abermals beginnen sollte, sah man sich nach Friedel um; der war verschwunden, und auch die fremden, wortkargen Gäste hatten sich entfernt. Viele der Stecklenberger und mehr noch Gäste aus den nah gelegenen Dörfern blieben indes beisammen, bis es Mitternacht wurde und nur noch wenige Männer dasaßen, ihre Pfeifen auszurauchen. Das Wetter war stürmisch geworden in der dunklen Nacht; Türen und Fenster, geschüttelt vom heftigen Wind, knarrten und klapperten, und in der kleinen Gesellschaft erzählte man sich Spukgeschichten, was endlich einer sich verbitten wollte, indem er sagte:

»Ich habe fast eine Stunde Weges zu gehen, versetzt mich nicht weiter in Schrecken!« - »Ach was!« entgegnete ein anderer. »Es ist ergötzlich, den Wind so toben zu hören, wenn man behaglich in der Stube sitzt bei Tabaksgeschmauch. Welch eine herrliche Nacht für das alte Gemäuer der Stecklenburg dort oben, wo der Sturm zu seinen Tänzen gleich die Musik heulen kann, ohne fürchten zu müssen, daß ihm einer mit dem Fidelbogen davonläuft!« Sein Nachbar erwiderte: »Ich glaube, daß man wohl den Mut eines Menschen prüfen könnte, wenn man ihn hinschickte, um jetzt durch jene Gewölbe und überwachsenen Steinhaufen zu wandeln! Was mich betrifft, ich würde, hört' ich den dichten Efeu über meinem Kopf rascheln, wie ein Schulbube zittern, und ich will nicht mutiger scheinen, als ich bin. Von der Furcht halb überzeugt, würd' ich glauben, in jedem Dunst oder Baumstrunk das Gespenst eines alten Ritters vor mir zu haben, denn das Sturmgebrüll draußen vermöchte ja Tote zu erwecken!« - »Nun«, sagte jener lachend, »da könnte dich ein Mädchen beschämen. Die Marie, als herzhaft und unerschrocken bekannt – wahrhaftig, ich möchte eine Abendzeche wetten, daß sich Marie dorthin wagt!«

»Du kannst wetten, warum nicht? wirst aber verlieren; ich bürge dafür, sie meint an jeder Seite ein Gespenst zu erblicken und wird dann ohnmächtig, wenn zufällig eine weiße Kuh erscheint!« so sprach der Ängstliche.

»Will Marie bei dieser Gelegenheit einen Beweis von ihrem Mut geben?« rief nun der Wettlustige. »Ich halte mich und dich beim Wort, wenn du einschlägst!« - Der Gegner schlug ein in die dargebotene Hand, und jener fuhr fort, an Marie gewandt: »Du verdienst dir die schönste neue Haube, wenn du von dem Holunder, der im Gemäuer wächst, einen Zweig mitbringst.«

Die furchtlose Marie sprang auf vor Freude und schritt sogleich zum Werk. Das Dorf Stecklenberg schmiegt sich so dicht an den etwas steilen Berg, daß man aus den Gärten schon zu den Trümmern aufsteigen kann; die Pfade waren dem kühnen Mädchen genau bekannt, und sie stieg rasch empor. Der Wind jagte die Wolken und rauschte, zischte und ächzte in wildem Getön durcheinander. Die Luft war frisch, so daß die nur leicht bekleidete Marie vor Kälte zitterte. Schwacher, umnebelter Mondschein durchbrach die Schwärze der Nacht, deutlich erblickte Marie den umlaubten Eingang zu den Burgresten. Sie drängte sich hinein, spürte auch mitten unter dem Geröll und Schutt nichts von Schauer, nichts von Furcht; ihre Gedanken blieben bei der Aussicht auf den nun bald gewonnenen neuen Schmuck.

Nachdem sie über einen Teil der von Moos bedeckten Trümmer hinweggestiegen war, kam sie zu der Stelle, wo die Holunderbüsche standen. Sie näherte sich, brach rasch einen Zweig ab – da war's ihr, als hörte sie eine Menschenstimme. Sie stand unbeweglich, hielt den Atem an, horchte angestrengt, hörte jedoch nur das Brausen des Nordwinds, der das noch zusammenhaltende Gemäuer erschütterte und Stücken daraus löste, die krachend niederfielen. Da wurde sie von der Furcht ergriffen, sie wandte sich zur Rückkehr, hielt aber inne, erschreckt durch ein Geräusch wie von Schritten, erst dumpf, dann deutlich und immer deutlicher. Vor Angst kaum atmend, verbarg sie sich hinter dem Stumpf einer Säule.

In diesem Augenblick schaute der Mond hell aus einem Wolkenriß hervor und, Marie gewahrte zwei Männer, die einen Leichnam trugen. Das Blut erstarrte in ihren Adern, sie sank um. Eben verstärkten sich die Windstöße, rissen einem der Männer den Hut vom Kopf und wirbelten ihn zu den Füßen der bebenden Marie, die Gott ihre Seele befahl, denn der Tod schien ihr gewiß. »Verdammter Hut!« hörte sie jemanden murmeln. »Tut nichts, komm nur!« flüsterte eine zweite Stimme, »wir müssen vor allen Dingen erst die Leiche verscharren!«

Ohne bemerkt zu werden, sah Marie die Verbrecher nahe an dem Säulenstumpf vorbeigehen. Sie ergriff krampfhaft den Hut. Das Geräusch der Schritte wurde wieder dumpfer, schwächer. Furcht und Gefahr steigerten Maries Kräfte und jagten sie ungestüm den Pfad hinab in unaufhaltsamer Flucht. Sie stürzte in die Gaststube, starrte verängstigt alles um sich her an und brach zusammen, erschöpft und unfähig, ein Wort hervorzubringen, bis sie endlich bebend den Holunderzweig fallen ließ. Dann versuchte sie zu erzählen, was ihr begegnet war, da traf ihr Blick den Hut; sie verstummte, stand eine Sekunde starr, und laut aufschreiend »Herr Jesus!« lief sie davon in ihre Kammer, sie hatte in dem Hut den Namen »Durbe« gelesen. Ein furchtbarer Widerstreit des Denkens und Fühlens verwirrte sie in den nächsten Tagen und Nächten. Sie wußte mit sich nicht einig zu werden, ob sie reden oder schweigen sollte. Doch den Hut hatte sie versteckt. Sie erinnerte sich der Worte Friedel Durbes vom Geld, und wie er meinte, nur durch die Beraubung eines Reichen könne er Marie gewinnen. »Die Greueltat beging er im heißen Verlangen nach mir!« so klang es fort und fort in ihr, Abscheu und Mitleid lagen im Streit: sie verharrte im Schweigen.

Unterdessen wurde bekannt, daß ein Pächter, der in Halberstadt mancherlei verkauft hatte, vermißt wurde und daß man in der Waldstraße Blutspuren entdeckt habe, er also wahrscheinlich ermordet worden sei. Bald wurden Gerichtsanordnungen verbreitet, daß man den Täter suchen und von jedem Anzeichen Kunde geben solle.

Es war am folgenden Sonntag. Der Krugwirt hatte vor einer Stunde die Gerichtsverordnung angeheftet, und Marie ging jedesmal scheu an ihr vorüber. Da trat, wie sonst gewöhnlich um diese Zeit, Friedel Durbe ein, grüßte und ging gleich auf Marie zu und sagte: »Vor acht Tagen ergriff ich einen falschen Hut, mußte die ganze Woche nach anderen Dörfern, kann also jetzt erst fragen: ob sich vielleicht einer meldete, der meinen hat.«

Marie stand eine Weile starr wie eine Bildsäule, das Herz wollt' ihr zerspringen vor dem Unrecht, einen so schweren Verdacht gegen den ihr bisher als redlich bekannten Friedel gehegt zu haben. Unaufhaltsam stürzten Tränen aus ihren Augen, und sie lag plötzlich weinend an seiner Brust. »Was ist dir, was ist geschehen?« fragte er dann leise; sie ergriff heftig seine beiden Hände und konnte nur unter Schluchzen stammeln: »Lieber, lieber Friedel!« - Und jetzt rief er unwillkürlich aus: »Ach Gott, daß sich dein Herz zu mir gewendet hat – nein, das ist's wohl nicht, das ist ja nicht zu glauben!« - »Es ist!« entgegnete Marie mit heiterem Blick; »hier hast du mich, ich werde dein Weib!«

Der Bund war geschlossen, und ob auch der nicht reiche Vater Krugwirt grämlich dreinsah, er mußte nachgeben. Jetzt konnte Marie ihr nächtliches Abenteuer mit den genauesten Angaben frei heraus erzählen, der Hut in Friedels Hand half mit zum Entdecken und Ergreifen der Mörder, die, ihres Verbrechens überführt, zum Tode verurteilt wurden. - Glückselige Monate verstrichen für Friedel, seine glückseligsten; denn daß Justin ihn zuweilen mit gemeinen Reden erbittern wollte, kümmerte ihn nicht, da Marie den Störenfried sichtlich mied, die Sanftmut Friedels jedem Zwist aus dem Weg ging. Da kam, ehe Marie mit ihrer Aussteuer fertig war, der Befehl, daß sich Friedel als Soldat bei seinem Regiment einzustellen habe. Das traf ihn hart, aber Unvermeidliches mußte ertragen werden. Marie gelobte ihm nochmals treue Liebe und er ihr, und nun zog er zu seiner Fahne, war auch bald im Kriegsgetümmel, da erst ein Jahr später der Friede zu Hubertsburg den siebenjährigen Kampf endete.

Von Heldentaten weiß er jedoch nichts zu erzählen, denn nach anstrengenden Eilmärschen, wurde er mehrmals krank, litt durch Erhitzung und Erkältung an den Augen, so daß er lange, noch bis nach dem Frieden, im Hospital lag, während sich in Stecklenberg die Kunde verbreitete, er sei tot, was nicht unwahrscheinlich schien, da briefliche Nachrichten von ihm zuletzt ganz ausblieben.

Im Sommer 1763 kam er aber heim – völlig erblindet. Ein Kamerad führte ihn, und er half sich auch selbst etwas durch das Leitseil, an welchem er schon damals einen Hund bei sich hatte. Marie erschrak, als sie ihn sah, was Friedel nicht sehen konnte; sie weinte bitterlich, bezeigte ihm jedoch dabei die rührendste Teilnahme. In seiner traurigen Lage wagte er nicht, sie an ihre Gelöbnisse zu erinnern, sie erinnerte nun bald selbst an die gegenseitigen Versprechungen. Friedel war erstaunt und bewegt, sagte aber freundlich: »Ach, liebe Marie, ich werde deine Güte dankbar im Herzen bewahren, annehmen darf ich sie nimmer, denn die Sünde, dein Leben an das eines so Unglücklichen zu knüpfen, mag ich nicht auf mich laden!« - »Wenn ich nun elend geworden wäre, würdest du mich verlassen haben?« fragte sie heftig. Er antwortete: »Nie und in Ewigkeit nicht, aber –«: »Kein aber!« fuhr sie fort. »Meinst du, daß ich anders handeln soll? Du hast meine eidliche Zusage, wirst mein Gatte und mußt es werden!« Versuchte Gegenrede blieb ohne Wirkung, und als Friedel Marie so beharrlich fand, fühlte er sich wieder als froher Mensch. Er griff nach seiner Geige und trieb wie vordem sein altes Geschäft, wobei ihn gern jeder unterstützte.

Der Hochzeitstag war für den September 1763 festgesetzt, doch nahte zuvor Maries Geburtstag. Friedel hatte dazu selbst ein Liedchen ersonnen und wollte es zu seiner Geige singen, als erster mit seinem Glückwunsch am Morgen die Geliebte begrüßen. Heimlich schlich er sich in eine Laube dicht an der Hinterwand des Hauses und gebot seinem Hund, sich nicht zu rühren. Da vernahm er Schritte, und als ein Fensterladen sich öffnete, hörte Friedel Justins Stimme rufen: »Glück auf, schöne Marie, Glück auf zu dem heutigen Fest, und ich hoffe, Ihr werdet nun auch über mein Glück entscheiden!«

In Friedel zuckte es schmerzlich, er regte sich jedoch nicht, und Marie zögerte mit einer Antwort, bis sie mit schwankendem Ton sagte:»Danke, Justin; doch mein Wunsch wäre, Ihr entferntet Euch, wie Ihr überhaupt besser getan hättet, gar nicht zu kommen, weil es bleibt, wie es ist!« Justin entgegnete andringlich: »Eure Weigerung muß ich gradezu unvernünftig nennen, Marie! Ihr seid eher arm als reich, werdet nicht immer jung und hübsch sein, solltet also besser an Eure Zukunft denken.« - »Justin«, antwortete sie, »ein für allemal: laßt uns nicht mehr davon reden; ich habe Friedel mein Versprechen gegeben und bin entschlossen, es zu halten.« - »Wie, Ihr denkt ihn also wahr und wahrhaftig zu heiraten?« - »Warum nicht? Er braucht Hilfe, ist allein in der Welt, denn seine Verwandten können nichts für ihn tun, und ich werde ihn nicht verlassen.« - »Ich habe ja genug, um zu geben, was er braucht, und wir können ihm das versichern.« - »Das wohl; niemand würde mich jedoch bei ihm ersetzen. Ich wiederhole es, Justin, laßt uns nicht mehr davon reden.« - »Und dessen ungeachtet liebt Ihr mich?« - »Ich glaube, es nie gesagt zu haben«, dies entgegnete Marie mit unsicherer Stimme, »aber wenn es so wäre, so würde ich mich bemühen, Euch zu vergessen; denn nichts in der Welt wird mich hindern, meine Pflicht zu erfüllen, die ich für heilig erachte.« In diesem Augenblick hörte man einen schrillen Ton, und das Fenster wurde gewaltsam zugeworfen.

»Eine Pflicht!« – dies Wort erfüllte den armen Friedel mit bitterem Weh, ein Zittern durchflog ihn, auch seine Hand hatte krampfhaft gezuckt und eine Saite seiner Geige zerrissen: das war der schrille Ton. Von ihm erschreckt, hatte Marie das Fenster zugeworfen, und Justin entfernte sich. Tiefgebeugt saß Friedel in dem Dunkel der Laube, wiederholte mehrmals die Worte: »Eine Pflicht!« und wankte dann still zurück. »Sie liebt einen andern«, sprach er unterwegs zu sich. »Sie liebt einen andern! Ihre Tugend will stärker sein als die Liebe; sie entsagt dem Teuersten; um ihren Schwur zu erfüllen, will sie das Weib eines armen Blinden werden. Nein! – Ich bewundere die Großmut ihres Opfers, aber ich sollt' es annehmen?

Nein! Ich wäre ein verächtliches Geschöpf, könnt' es vor Gott und Menschen nicht verantworten!« Er verbarg seinen Schmerz, doch schon am selben Tag sagte er dem Geburtsort das wehmütigste Lebewohl, ging nicht wieder nach Stecklenberg, sondern ließ sich von seinem Führer leiten, wohin er mochte, nur fort in die weite Welt, nach dem Entschluß des Herzens auf Nimmerwiedersehen.

Marie geriet außer sich, als Friedel verschwunden war. Alle Nachforschungen blieben ohne Ergebnis, und man schwatzte ihr ein, er habe gewiß in seiner Unbeholfenheit ein Unglück gehabt und auf noch unerklärliche Weise sein Leben verloren. Sie schüttelte ungläubig den Kopf, ahnte auch wohl die ungefähre Wahrheit und wies Justin ab bis zum März 1765. Als aber ihr Vater gestorben und die Hinterlassenschaft sehr gering war, Justin sie außerdem in Standhaftigkeit bestürmte, gab sie endlich ihrer Liebe nach und verheiratete sich mit ihm, lebte auch lange zufrieden und glücklich als seine Gattin und Mutter zweier Töchter.

Unterdessen durchwanderte Friedel ein Land nach dem andern; sein Leid hatte ihn zum Sänger gemacht, der die eigenen Lieder zur Geige sang, und reichlich genug erwarb, was er in Genügsamkeit bedurfte.

So verflossen seit seiner Flucht sechzehn Jahre, da begegnete ihm in Österreich ein Mann aus der Gegend seiner Heimat, und Friedel erfuhr, daß Justin in der letzten Zeit durch Mißernten, unvorsichtige Bürgschaft und eine Feuersbrunst zu schwerem Unglück gekommen, krank geworden und vor wenigen Monaten gestorben sei. Marie, immer wacker und gottergeben, ernähre nun durch ihrer Hände Arbeit die Familie, als deren einzige Stütze. Von dieser Mitteilung erschüttert und entsetzt, wandte Friedel ohne Zögern seinen Wanderstab dem Harz zu, und hier angelangt, wurde der in fast aller Gedächtnis bereits Verschollene von denen, die ihn erkannten, wie ein aus dem Grab Auferstandener betrachtet. Seinerseits erhielt er überall die Bestätigung dessen, was ihm der Reisende in Österreich erzählt hatte, und ließ sogleich durch den Pfarrer eines nachbarlichen Dorfes seine Ersparnisse Marie aushändigen.

99

Dann durchstreifte er die umliegenden Ortschaften; ohne die Dörfer Reinstedt und Stecklenberg zu berühren, sang und spielte er an den Werktagen hier und dort an den Landstraßen, an Sonn- und Festtagen, wo man ihn hin rief, und bald war wieder eine kleine Unterstützung für Marie abzugeben.

Das Gerücht von dem wieder erschienenen Friedel Durbe drang aber auch zu ihr, und jetzt zweifelte sie keinen Augenblick länger daran, daß er ihr Wohltäter sei, daß er einst aus Edelmut, aus Sorge um ihre Zukunft sie verlassen habe. Sie eilte, ihn aufzusuchen, erreichte ihn einige Meilen von hier, als er eben am Weg nach Suderode für die Vorübergehenden sang und spielte. Ihn erblicken, auf ihn zustürzen, seinen Namen ausrufen und weinend ihm zu Füßen sinken war das Werk eines Augenblicks. Dem erschrockenen Friedel entfielen Geige und Bogen, er wäre umgesunken, hätte er nicht seinen treuen Führer beschwichtigen müssen, der aufgesprungen war, um seinen Herrn gegen einen Angriff zu verteidigen. Dieser Zwischenfall erhielt ihn gewaltsam bei Kraft, dann aber brach er zusammen, fiel auf seinen Sitz, und von der Knieenden umarmt, wiederholte er nur die Worte: »Marie, Marie, ja, du bist es, ich fühl's!«
Flehentlich bat sie ihn nun um die Seligkeit, künftig seine Pflegerin sein zu dürfen, und er konnte nicht widerstehen. Wie im Triumph führte sie ihn in ihre ärmliche Wohnung, die nach und nach wieder gemütlich wurde durch ihn und Maries Sparsamkeit. Er kannte keinen andern Lebenszweck mehr, als für die Ausstattung von Maries Töchter zu sorgen, und ließ sich von mir auf ein Blatt schreiben: »Gottes Lohn und Dank von Mariens Töchtern.« Dies war sein Spruch vor sechs Jahren, jetzt erwähnt er nur eine Tochter, denn die ältere, Friederike, ist durch Heirat schon glücklich versorgt, und Friedel bemüht sich, für die jüngere, Beate, ebenfalls das Seine zu tun. Neulich noch sagte er zu mir:»Ich hoff es zu vollbringen, auch Beate in Gottes und eines guten Mannes Obhut zu wissen, dann seid Ihr wohl so gütig, mir auf ein Blatt zu schreiben: ›Für mein Grab!‹

In der Umgegend weit und breit wünschen ihm aber die Bewohner noch langes Leben, denn alle, die sein Schicksal kennen, haben ihn lieb und werfen gern von Zeit zu Zeit eine Gabe in seinen Hut. Dies ist die Lebensgeschichte des Dorfgeigers Friedel Durbe, wie ich sie von dem Schullehrer in Reinstedt schriftlich empfing, und im Försterhaus wurde mir jeder Umstand bekräftigt und erläutert. Die in ihrer Natürlichkeit liebenswürdige Elsbeth, nicht von bewundernswerter, aber höchst anmutiger Schönheit, war eine regsame Beschützerin Friedels und seiner ihn dankbar pflegenden Angehörigen. Noch oft sah ich ihn sitzen an dem Bethäuschen, sah ihn dort bei schlechtem Wetter unter einem einfachen, von Stangen getragenen Zeltdach. Denn mir hatte es in dem Försterhaus behagt, ich kehrte in immer kürzeren Fristen dahin zurück, und wollt ihr wissen, warum? – Wollt ihr wissen, warum ich eben heut, nach fünfzig Jahren, jener Jugendtage gedenke, so erinnert euch daran, daß eure Großmutter Elsbeth hieß. *(aufgeschrieben von Friedrich Wilhelm Gubitz (1786-1870))*

Wie die Orte ihre Namen bekamen

D er Deubel, das wissen Sie doch noch, hat mit dem lieben Gott einen Pakt geschlossen, er sollte die Berge haben und Gott das flache Land. Er fühlte sich aber betrogen, denn all die vielen guten Seelen, die wohnten ja unten im Tal und nicht droben in den düsteren Wäldern. „Ek komm schlecht weg, beim Handel!", sagte er zu sich selbst und entschied sich höhnisch lachend für einen Spitzbubenstreich:„Ek nehm den juten riesijen Sack, straach heut Nacht durchs Land und mopse mek die Dörper." Und tatsächlich: Ein Dorf nach dem anderen packte er ein, bis der Sack randvoll war. Gott sollte doch sehen, über wen er jetzt noch gebieten würde.

Ein Dörflein aber, dass hatte einen spitzen Kirchturm, so spitz war er, dass er ein Loch in den Sack stach, das größer und immer größer wurde, bis das ganze Dorf wieder hinausfiel und an der Bode liegenblieb.

„Ach, det is furt!", sagte der Deubel und daraufhin nannten es die Bewohner Ditfurt. Er ging drei Riesenschritte weiter, aber wieder fiel eines hinaus, er wetterte so ungehalten, dass man dies Örtchen später „Weddersleben" nannte. Plumps, mit lautem Krachen landete ein weiteres an der Bode. „Naan, naan, naan - so kann det net waaterjahn!", brummte er kopf-schüttelnd. Das Dörflein aber heißt heute noch „Neinstedt". Jetzt hielt er das Loch endlich zu, aber es half nichts, immer größer wurde es. Und mit einem kräftigen „Padong", fiel das nächste Nest an den Wurmbach. Er steckte es wieder in den Sack, doch es fiel wieder hinaus, er steckte es hinein, aber „Krach", lag es wieder unten. Ein drittes Mal, ein letzter Versuch, schwor er es sich, steckte es in seinen Sack, aber es wollte und wollte nicht darin stecken bleiben. „Ach dann scher dek doch zum Deibel und blaab baam lieben Jott, wennde willst!" Dieses verschlafene Dorf ist Stecklenberg.

„Argh", schrie der Teufel plötzlich, blitzte doch dort im Osten die Morgenröte dem Teufel in die Augen, der Hahn eines jeden Hofes krähte und die Hunde Quedlinburgs bellten. Da wusste der Teufel, dass er wieder einmal das Spiel verloren hatte. Die Ortschaft über der die Sonne aufging, heißt heute noch Morgenrot. Unsere schöne Welterbe-stadt, das weiß wohl jedes Kind, hat ihren Namen vom Hündlein Quedl, welches einst die Stadt vor den Hunnen rettete. Die vielen felligen Nachkommen Quedl's verbellen noch heute den Teufel, sollte dieser aus dem Harz kommend, wieder versuchen, seinen Bocksfuß auf unser Straßenpflaster zu setzen. *(aufgeschrieben von Carsten Kiehne in „Quedlinburger Anekdoten")*

Friseurgespräche

B rigitte lernte schon mit 14 Jahren bei ihren Eltern das Friseurhandwerk und arbeitete dort auch 58 Jahre von 1943 bis 2015. Zwischenzeitlich wurde der Privat-Laden an die PGH Friseure in Quedlinburg angegliedert. Brigitte machte sich manchmal einen Spaß und erzählte, sie sei Friseurin, denn Friseuse ist nur für Damen, Friseurin aber für Damen und Herren.

Friseure entwickeln auch ein Talent, gleichzeitig ihre Arbeit zu machen und sich mit mehreren zu unterhalten, mehreren gleichzeitig zuzuhören und könnten auch noch nebenbei Kreuzworträtseln und Radio hören.

Tante E. war sehr dick. Einmal ging sie auf eine Toilette mit einem Drückspüler. Dabei setzte sie sich so, dass der Spüler ständig an war. Nach einer Weile rief sie ihren Mann um Hilfe, da sie meinte. sie laufe jetzt aus.

Irmgard hatte ein Verhältnis mit Paul. Als sie beim Friseur unter der Trockenhaube saß, konnte sie außer Rauschen nichts hören und dachte, die anderen könnten sie auch nicht hören. Sie begann Selbstgespräche zu führen und sagte dann auch etwas über ihre Liaison und dass er so einen Schönen hätte, das würde die Lisbeth, seine Frau gar nicht verdienen. Dabei bemerkte sie nicht, dass alle zuhörten und Lisbeth genau neben ihr saß. Lisbeth saß mit finsterem Gesicht da und begann dann Irmgard zu beschimpfen. Die wunderte sich, was los wäre, sie hätte doch gar nichts gesagt. Was dann Lisbeth zu Hause machte, ist nicht weiter bekannt.

Eine andere Frau saß mit Selbstgesprächen unter der Trockenhaube und sagte laut „Jetzt macht die auch noch die da fertig, statt mich, die blöde Kuh." So etwas nahm die Friseurin mit Humor.

Ein Zaun als Naturschutzgebiet

Nach 1990 änderten sich viele Vorschriften. Am Sportplatz hatte der Reit- und Fahrverein sein Gelände. Herr Stertz zäunte es ein, indem er geviertelte Weidenstämme als Pfähle benutzte und Draht dazwischen spannte. Im darauffolgenden Jahr schlugen die geviertelten Stämme aus und es entwickelten sich daraus Büsche und letztlich Kopfweiden. Eifrige Naturschützer ließen diese Kopfweiden unter Naturschutz stellen. - Einige Jahre später wurde die Unterschutzstellung aufgehoben mit der Begründung „ein von Menschenhand geschaffenes Gebilde kann kein Naturschutzobjekt sein."

103

Das gleiche Schicksal ereilte den Schröterhaufen. Das war ein Abfallhaufen aus Mostpressrückständen von Saftstertz auf einer Wiese am Emthöfen. Hier vermehrten sich eifrig die Nashornkäfer. Auch er wurde unter Naturschutz gestellt und das wurde später wieder zurückgenommen.

Herr Koch & der Tomatenschnaps

Zum Ausklang des Schützenfestes saßen wir gemütlich am Schützenhaus zusammen. Unter den Gästen war auch ein Herr Koch aus Weddersleben, der sich mit unterhielt. Die Jugend machte sich einen Spaß und füllte Tomatenketchup in ein Schnapsglas. „Haste schon mal unseren Tomatenschnaps gekostet?", fragte einer Herrn Koch und stellte ihm das Glas hin.
Herr Koch schaute misstrauisch, dann kippte er den Schnaps runter. Er schaute in die Runde, sagte aber nichts. Wir meinten, er hätte den Spaß durchschaut. Als er nach einer Weile sagte: „Na gib mal noch einen!", blickte er ganz verdutzt, als das Gelächter losbrach.

Hirschebrüllen

Am Ende des Sommers beginnt jedes Jahr die Hirschbrunft. Viele Harzer gehen dann nachts in den Wald zum „Hirsche-brüllen", wie es hier heißt. An abseits gelegenen Stellen hört man den Brunftschrei der Hirsche. Einzelne Könner imitieren mit Wasserrohren, Gießkannen und anderem diesen Schrei und können dann den wütenden Hirsch in die Nähe locken. Manchmal ist es schwül und warm im Wald, dann kann man stundenlang sitzen, ohne etwas zu hören. Manchmal ist es kühl und still dann hört man kilometerweit, wie die Hirsche röhren, um die Alttiere anzulocken und die anderen Hirsche aus ihrem Revier fernzuhalten. Doch einen echten Hirschkampf hat wohl selten jemand gesehen.

Der kleine Heinrich wollte mit zum Hirschebrüllen. Also sagte der Vater, wir fahren jetzt an eine Stelle an der Straße im Wald, dann halte ich an. Wir steigen schnell aus. Klappen die Türen zu und sind mucksmäuschenstill. Gesagt getan, alle stellten sich im Stockdunkeln neben das Auto. Tatsächlich ließ sich ein Hirsch täuschen und dachte das Auto wäre vorbei gefahren. Nach kaum einer Minute röhrte er mit voller Lautstärke, allerdings knapp 20 Meter neben dem Auto. Da fuhr dem kleinen Heinrich der Schreck in die Hose, schneller als aus dem Auto war er wieder drin und musste dazu die Autotür zuschlagen. Das wiederum hat den Hirsch verschreckt, der an dieser Stelle an diesem Abend nicht mehr geröhrt hat.

Ein paar Jahre später waren Heinrich und sein Freund Christoph begeisterte Mopedfahrer geworden. Zur richtigen Fahrerlaubnis reichte das Alter noch nicht, aber Mopedbasteln und durch den Wald Crossen war ein Heidenspaß. „Vater lass uns zum Hirschebrüllen fahren" bat Heinrich. „Na gut, wenn es dunkel wird, fahren wir mit dem Trabbi los." „Aber nicht so weit" meinten Heinrich und Christoph. „Ach ein Stückchen muss sein, sonst hören wir nichts."
Sie fuhren eine Weile, hielten, nichts war zu hören.
Sie fuhren wieder eine Weile, hielten, nichts war zu hören. „Lass uns umkehren, ehe das Benzin alle ist." - „Ach ich habe diese Woche erst vollgetankt, keine Bange" meinte der Vater. Sie fuhren wieder eine Weile, hielten, nichts war zu hören. Sie fuhren weiter, was war das? Der Motor stotterte, Vater wollte den Benzinhahn auf Reserve schalten, der war schon auf Reserve. „Ihr Säcke habt doch wieder meinen Tank für eure Mopeds geleert, na dann schiebt mal."

Die Schirmbuche war nicht weit, von da an ging es die Straße abwärts nach Thale. Doch immer mal war ein kleines Stück zum Schieben dabei, selbst der Vater musste manchmal aussteigen und helfen, schließlich ging es geschwind abwärts bis zur Forelle in Thale. Mit dem Benzinkanister zu Fuß bei Schell Nachschub geholt und so kamen alle nach Mitternacht zu Hause an. Hirsche haben sie nicht gehört, aber für die Jungs war es schön sportlich gewesen.

Jagdgeschichten & Jägerlatein

Es ist ein ungeschriebenes Gesetz, dass die Erzählung eines Jägers von den anderen Jägern niemals in irgendeiner Weise angezweifelt werden darf.

Der Jäger Karl trug immer seine gesamte Barschaft am Mann. Eines Tages bei einem plötzlichen Gewitter eilte er schnell über Wald und Feld nach Haus. Dort stellt er fest, dass seine Brieftasche mit 300 Reichsmark verloren war und er konnte sie trotz Suche nicht mehr finden. Als er 8 Wochen später einen frechen Fuchs jagen wollte und dazu den Bau aufgrub, fand er darin seine Brieftasche mit dem ganzen Geld.

Nach der Revolution 1848 wurde jedem die Jagd erlaubt. Das hatte zur Folge, dass die Wildbestände fast vollständig verschwanden. 1850 wurden Mindestgrößen für Jagd-reviere festgelegt und Jagd-scheine eingeführt. Die Polizei hatte das zu kontrollieren. - Der Baron von dem Bussche-Streithorst hielt in seinem Jagdrevier gelegentlich Treibjagden ab, wozu er Gäste einlud. Plötzlich erschien auf dem Feld der örtliche Gendarm, wohl um die Gäste zu kontrollieren, worauf dem Baron einfiel, dass doch sicher einige der Jagd-gäste keinen Jagdschein hätten. Er winkte den Gendarmen zu sich. Ein Hase wurde aufgescheucht, der Baron schoss, aber der Schuss ging daneben, obwohl er sonst mit seinem Jagderfolg immer prahlte. Der nächste Hase sprang aus der Sasse und wieder fehlte der Baron.

„Versuchen Sie's mal!", sagte er zum Gendarmen. Der Gendarm nahm das Gewehr vom Baron und bums der nächste Hase lag auf der Strecke. „Oh", sagte der Baron, „ein guter Schuss, aber haben Sie denn einen Jagdschein?" Das war jetzt dem Gendarmen recht peinlich und er hatte es plötzlich sehr eilig, während hinter ihm der Baron breit grinste.

Am 1. Sonntag im Oktober war wieder Treibjagd im Revier Steck-lenberg und Neinstedt. Zuerst durchstreifte man die Grenzen zu den Nachbarn, denn das Misstrauen der aneinander grenzenden Jagdpächter, das vom blutrünstigen Nachbarn rein alles weggeschossen werde, ist tief eingewurzelt und bestimmt in erster Linie die Dispositionen der jagdlichen Strategen. So wurde denn den ganzen Nachmittag lustig geknallt und mancher Lampe auf der Flucht vom tödlichen Blei erreicht. Am späten Nachmittag ging die Jagd vom Tannenkopf aus über den Kahlenberg in Richtung Norden. Ein Hase war in diese Richtung abgesprungen und nicht mehr zu sehen. Man durchsuchte das Gehölz, doch fand keinen Hasen mehr. Dann wurde die Jagd abgeblasen, der Hahn (an der Flinte) kam in Ruh, keiner durfte mehr Schießen.

Kaum hörte das Meister Lampe, so sprang er auf und suchte das Weite. Doch die Jäger hatten Hunde dabei. Hektor wurde geschnallt und verfolgte den Hasen mit wildem Gekläff. Freund Lampe war ein vorsichtiger, gerissener, schlitzohriger Rammler der schon öfter um sein Leben gerungen hatte, jetzt schlägt er einen Haken, dort hüpft er durch eine Hecke immer vorwärts in mächtigen Sprüngen den Abhang hinunter dem Bahndamm zu. Schon hat er ihn erreicht und im nächsten Moment wird er den Blicken der Jäger entschwinden, aber nein, auf der Dammkrone hält er. Sollte dort drüben eine Gefahr sein, dass er verhofft (aufmerksam steht)? Hoch reckt er die Löffel, äugt das Gleis entlang nach Thale zu. Er hat einen Vorsprung, doch warum überlegt er? Da kommt der Zug 16:33 Uhr, doch auch der Hund kommt immer näher. Der Hase lässt die Lokomotive, den Gepäckwagen und ein Wagen 3. Klasse vorbei. Schon spürt er den Atem des Hundes. Ein Satz auf das Trittbrett der ersten Klasse - schon ist er gerettet. Der Hund bleibt hechelnd stehen und schaut ebenso wie die Jäger mit offenem Maul dem Hasen nach, der per 1. Klasse in Richtung Quedlinburg das Weite sucht.

Ernst von Coburg Gotha war ein begnadeter Schütze und Jäger und war noch mehr für seine Jagdgeschichten bekannt. Sein Latein hätte wohl Münchhausen Konkurrenz gemacht. Als er einmal im Harz zur Jagd eingeladen war, prahlte er mit seiner weltweiten Großwildjagd: „Ich sage Ihnen, meine Herrn die Haut eines Krokodils ist so fest, dass sie jeder Kugel widersteht. Da weiß man sich eben oft gar nicht anders zu helfen, als dass man sich von so einem Vieh verschlucken lässt und dann von innen heraus schießt."

Vor dem Krieg war Herr Friesecke Revierförster auf der Lauenburg. Einmal erhielt er ein Schreiben vom Ministerium zugeschickt, dass in nächster Zeit ein hoher Forstbeamter seinen Waldbezirk in Augenschein nehmen werde. Dem alten Waldmann war die Geschichte furchtbar zuwider. Seiner Meinung nach ging sein Wald keinem Teufel, außer ihm etwas an und einem Büromenschen aus der Hauptstadt erst recht nicht. - Damit er aber nicht überrascht werden würde und der Vorgesetzte eventuell gar allein in seinem Wald herumstolziere, hatte er da und dort den Auftrag gegeben, ihn von der Ankunft jeder nur irgendwie auffallenden Persönlichkeit sofort in Kenntnis zu setzen. Zu seinen Kundschaftern gehörte auch der Grude-Carl der sich häufig im Waldfrieden aufhielt.

Nach ein paar Tagen kam Carl atemlos im Forsthaus auf der Lauenburg an: „Förster, da unten beim Wirt, da sitzt einer …!" und er schnaufte atemlos, so dass ein jeder sehen konnte, welche Anstrengung er für den Förster auf sich genommen hatte. "Na was denn?", fragte der Förster. „Also Du hast studiert und kannst Geschichten von der Jagd erzählen", erwiderte Carl, „aber der hat noch mehr studiert, der erzählt Geschichten, das einem das Maul aufbleibt. Das muss der Mann sein".

F örster Friesekes Dackel war ein gelehriges Tier und Frieseke erzählte gern von ihm. Einmal war ein anderer Jäger zu Besuch und erzählte von seinen großartigen Jagderlebnissen. Der Dackel saß daneben, hörte aufmerksam zu, stellte den Kopf schräg und die Ohren spitz. Auf einmal lief er in die Kammer des Sohnes vom Förster, kam zurück sprang über einen Stuhl auf den Tisch, an dem die beiden Jagdgenossen saßen und ließ ein Buch aus dem Maul fallen. „Und was soll ich euch sagen" sagte Förster Frieseke „es war die lateinische Grammatik meines Sohnes."

Friesekes Dackel soll ihm auch einmal das Leben gerettet haben. Bei grimmiger Kälte stand der Förster stundenlang auf dem Wechsel und wartete auf die Rotte. Gegen die Kälte nahm er einen Schluck aus seiner Taschenflasche. Schließlich setzte er sich der Bequemlichkeit halber auf einem Baumstumpf, Gewehr bei Fuß und schlief vor Müdigkeit ein. Doch da - ein Schuss. Der Förster schreckte hoch, doch wer hatte geschossen? Es war der Dackel. Als derselbe sah, dass der Förster eingeschlafen war und da er die Folgen davon bei dieser Kälte genau kannte, drückte er mit der Pfote den gespannten Hahn ab. Der Schuss ertönte und der Förster war vor dem Erfrieren gerettet.

Der Dackel vom Förster war auch ansonsten ein raffiniertes Tier. Beim Abendbrot erbettelte er stets ein Stückchen Wurst. Als einmal keins bekam, ließ er sich auf den Rücken fallen, die Pfoten nach oben und stellte sich vor Hunger ohnmächtig.

S chon Bismarck sagte: „es wird nie mehr gelogen, als vor der Wahl, im Krieg und nach der Jagd." Nur im Harz würde man nie die Unwahrheit sagen.
Förster Friesecke saß einmal wegen einem Hauptschwein (alter Keiler) an. Nach einiger Zeit zieht das Hauptschwein aus der Dickung, er legte an, zielte, aber die Patrone versagt.

Schnell legt er eine neue Patrone ein, zielt, aber auch diese Patrone versagt. Da nahm er seinen Hirschfänger, bog einen kräftigen Zweig zur Seite klemmte den Hirschfänger ein und als er losließ, flog der Hirschfänger in Richtung Hauptschwein. Dieses hatte inzwischen seine Lichter (Augen) zum Förster gerichtet, sah den Hirschfänger fliegen, sprang mit den Vorderhammern (Beine) auf, fing den Hirschfänger mit dem Gebrech (Maul) und schon sprang er ab in die Dickung (Gebüsch). Jetzt war guter Rat teuer denn der Hirschfänger war neu und ein Geschenk seiner Frau zu Weihnachten, den wollte er nicht einbüßen

Der Förster rannte hinter dem Schwein hinterher. Doch immer, wenn er dem Schwein nahekam, rannte es schneller. Schließlich kamen sie zu den Winterklippen. Schwein und Förster waren schon außer Atem, da drehte sich das Schwein im Laufen zum Förster um, bemerkte nicht den Abgrund und stürzte hinunter. Mühsam musste der Förster hinterher klettern und siehe da, das Schwein war auf den Hirschfänger gefallen und hatte sich damit selbst totgestochen. So hatte Förster Friesecke doch noch Jagdglück.

Revierförster Friesecke wurde von seinem Vorgesetzten einmal gebeten, einen prominenten Jagdgast zu einem kapitalen Hirschabschuss zu begleiten. In seinem Revier gab es einen älteren kapitalen Hirsch der zum Abschuss vorgesehen war. Also ging der Förster mit dem Jagdgast ins Revier. Dabei erzählte ihm der Jagdgast von seinen bisherigen Jagderfolgen und trampelte laut durch den Wald, bis in der Förster daraufhin wies, dass er leise sein sollte. Sie setzen sich auf einen Hochsitz und der Jagdgast lud sein sündhaft teures Gewehr. Nach einiger Zeit erschien tatsächlich der Hirsch auf der Lichtung. Der Förster gab seinem Jagdgast Zeichen zu schießen. Die Kugel flog und der Hirsch, anscheinend getroffen, sprang ab. Der Jagdgast meinte ein glatter Blattschuss, der Hirsch müsse gleich daneben liegen. Förster Friesecke meinte aber, der Hirsch wäre abgesprungen, sie müssten jetzt sitzen bleiben und warten, der Hirsch würde ins Wundbett gehen und verenden.

Der Jagdgast ließ sich nicht davon abhalten, sofort die Suche aufzunehmen, trotz allen Zuredens des Försters. Dabei wurde der Hirsch aus dem Wundbett aufgescheucht, sie konnten ihn nicht mehr finden. Der Förster war sehr ungehalten über das verluderte Stück Wild.

Im nächsten Jahr führte er den gleichen Jagdgast wieder. Sie mussten mehrfach durch den Bach, wobei der Jagdgast fluchend die Stiefel voll Wasser hatte, steile Hänge erklimmen, durch dichtes Gebüsch gehen und schließlich stundenlang ansitzen, aber sie sahen kein Wild. Das wiederholte sich in fünf Jahren immer wieder. - Im sechsten Jahr war das Wetter regnerisch und der Jagdgast wollte nicht ins Revier. Beide saßen in der Gaststätte als der Jagdgast meinte: „Nun mit ihnen, lieber Herr Friesecke werde ich wohl niemals wieder zu einem Abschluss kommen." Friesecke sagte trocken: „Das hätte ich ihnen schon vor 6 Jahren sagen können."

Familie Baars, Nachbarn und Förster Friesecke (rechts)

in wohlhabender Jagdgast wurde von Revierförster Friesecke zu einem Hochsitz begleitet, dann ließ der Förster den
Jagdgast allein. Stundenlang tat sich gar nichts, dann hörte
der Jagdgast ein leichtes Bimmeln. Eine ziemlich abgekommene
Ziege mit einer rostigen Glocke um den Hals trat auf die Lichtung.
Sie war wohl schon vor längerer Zeit ausgerissen. Der Jagdgast
überlegte lange, was er tun sollte und entschloss sich schließlich, die
Ziege, die nicht in den Wald gehörte und das Wild verscheuchte, zu
erledigen. Nach einem glatten Blattschuss fiel die Ziege tot um.
Aufbrechen wollte er nicht. Er ging zurück zum Forsthaus Lauenburg
und berichtete dem Förster von seinem Erlebnis. Der meinte nur:
„Waidmannsheil." - Am anderen Tag suchte der Förster das gefallene
Stück, trennte den Kopf ab und überließ den restlichen Kadaver den
Füchsen. Den Kopf brachte er zum Tierpräparator nach Ballenstedt.

Ein paar Monate später hatte der Baron von Bussche-Streithorst in
Thale zu einem Jagdessen hohe Herrschaften geladen, an dem auch
Förster Friesecke, so wie sein ehemaliger Jagdgast teilnahmen. Dank
guter Getränke war die Stimmung bald auf einem Höhepunkt. Der
Jagdgast prahlte laut mit seinen Jagderfolgen. Da meinte Förster
Friesecke: „Ich vergaß ganz Ihnen die Trophäe vom letzten Mal zu
übergeben." Er holte einen großen Karton und stellte ihn auf den
Tisch. Alle waren gespannt, da holte er den auf einem Brett mon-
tieren Ziegenkopf heraus und übergab ihn. Die Stimmung erlebte
eine weitere Steigerung. - Zu dem Vorfall sagte Förster Friesecke den
ganzen Abend kein Wort und sein Jagdgast schwieg den Rest des
Abends. Ob er die Trophäe in seinem Jagdzimmer aufgehängt hat, ist
nicht überliefert, auch nicht, ob der Jagdgast wieder zum Jagen nach
Stecklenberg kam.

ls junger Forstassessor erlebte Förster Frieseke eine Gesellschaftsjagd mit Kaiser Wilhelm in der Nähe von Werni-
gerode. In der Mittagspause saßen die hohen Herrn Minister und Staatsangestellte auf einer Waldlichtung im Kreis.

Kaiser Wilhelm war kurz in die Büsche gegangen, um sich zu erleichtern. Als er wiederkam, stand ihm der Hosenstall sperrangelweit offen. Der Kaiser setzte sich in die Runde und erzählte von seinen Jagderlebnissen. Die Minister und Staatsangestellten tuschelten wegen des Hosenstalls, aber niemand traute sich den Kaiser darauf anzusprechen, er könnte es ja schlecht auffassen und der Zeremonienmeister war auch nicht dabei, den hätte man ja fragen können, wie man in einem solchen Falle handeln müsse. Schließlich flüsterte einer der Minister dem anwesenden Oberförster zu, ob er das nicht erledigen möchte. Der Oberförster war ein humorvoller, volksnaher Mann.

Er stellte sich inmitten des großen Kreises, schaute sich um, fasste an seine Hose und rief dann mit lauter Stimme: „Wie wäre es denn, meine Herren, wenn sich jetzt ein jeder den Hosenstall zumachen würde." Der Kaiser sah erstaunt zum Oberförster hinüber, dann schaut er auf seine Hose, lachte, machte seinen Hosenstall zu und die Situation war gerettet.

*I*n einer alten Akte von 1800 schreibt der Förster: „Die Stecklenberger sind entweder Holz- oder Wilddiebe." 2010 sagte der Revierförster Ronald Nelius: „Das würde ich heute auch unterschreiben!" Das sagte er allerdings lachend.

1945 wurden die Privatwälder der Barone enteignet. Die Wälder wurden staatlich. Jagen konnte jeder, wenn er politisch tragbar war, nur private Waffen bekam nicht jeder. Einige Bonzen hatten Sonder-Jagdrechte wie die Barone. Der SED Bezirkschef Hans-Joachim Böhme hatte sich eine Jagdhütte oberhalb Stecklenberg bauen lassen, jetzt noch Böhmes Hütte genannt. Der Polizeichef des Bezirkes Halle Willi Engelmann hatte das alte Jagdhaus in der Nähe. Das Dambachhaus wurde von der Stasi genutzt, der Meiseberg von der Volkspolizei, auch andere Bereiche in der Umgebung wurden für höhere Funktionäre reserviert. Das Betreten der Gelände war gewöhnlichen Bürgern verboten.

Nach 1990 kauften die Nachkommen von Bussche-Streithorst den Wald zwischen Stecklenberg und Thale preisgünstig zurück. Man veranstaltete auch gleich eine Gesellschaftsjagd für hohe Herren aus dem „Westen". Auch einige Einheimische waren als Helfer dabei. Einer der „hohen Herren" erschoss einem Einheimischen den Jagdhund. Er nahm 500 Mark aus der Brieftasche und meinte, ohne sich zu entschuldigen, mehr wäre das Tier wohl nicht wert gewesen. Ein anderer Einheimischer fragte einen der adligen Herren etwas, wobei er das unter Jägern übliche „Du" benutzte. Er wurde sofort angeschnauzt, das gemeine Volk hätte den Adel zu siezen.

Zu dem Naturschutzangestellten B.O. kam der Haushofmeister eines Barons „von und zu" und belehrte den Angestellten, wie er mit dem Baron zu sprechen hätte und wie er ihn anzureden hätte, das kam nicht gut an. Als dann der Herr Baron einige Minuten später erschien, wurde er von dem gelernten DDR-Bürger recht unadelig empfangen.

Jägerhumor

Ein junger Jäger erzählte Förster Friesecke seine Jagd-abenteuer, und natürlich alla Münchhausen in der zehnten Potenz. Lange hatte der alte Waidmann geduldig zugehört, endlich unterbrach er ihn. „Nun will ich Ihnen auch einmal etwas erzählen. Ich stehe einmal auf dem Anstand, und rauche mein Pfeifchen, plötzlich sehe ich in Schußweite einen Fuchs spielen. Den hatte ich schon im Sacke, ich stelle meine Pfeife an einen Baum neben mich, lege an und richtig fällt er, aber meine Mühe, den Fuchs zu finden, war umsonst. Verdrießlich und zugleich staunend, den Geschossenen nicht finden zu können, kehrte ich daher zu meinem Posten zurück, und denken Sie sich, ich finde den Fuchs an dem Baume ganz ruhig auf den Hinterläufen sitzend und meine Pfeife rauchend." Der junge Jäger erzählte nichts mehr.

Den Förster Friesecke hatte eine Hirschlaus am Ohr gebissen, die hatte er abgerissen, als er Louis B. traf. Der wollte ihn darauf hin-weisen, aber sich weidmännisch ausdrücken und sagte: „Herr Förster, eck globe se schweißen am Löffel". (jagdlich für: Sie bluten am Ohr)

Sprüche von Günter Baars

Günter Baars war seit 1960 Wirt im Waldfrieden und allgemein sehr beliebt. Einige von seinem Lieblings-Sprüchen sind überliefert: „Solange uns diese Tropfen schmecken, kann uns der Doktor ums Haus rumschleichen"

„Wenn se ne hebben will, lat'n sich zurechte maken!"

„Ein schönes Tier das ist der Barsch, und ihr liebe Leute, seid mir herzlich willkommen!"

Kurze Therapie

D ie Baronin Gertrud Freifrau von dem Bussche Streithorst war als hochnäsig bekannt. Als sie Witwe wurde, baute man für sie 1866 eine Villa in Stecklenberg, welche das „Schloss" genannt wurde. Die anderen Familienmitglieder wohnten weiter auf ihrem Gut in Thale.

Einmal war der Baronin unwohl, doch ihr Leibarzt war auf Reisen. Es war bekannt geworden, dass der bedeutende Militärarzt Strohmeyer aus Hannover in Thale zur Kur war. Die Baronin schickte einen Diener zu ihm. - Dr. Louis Strohmeyer war als Generalstabsarzt für seinen rüden, militärischen Ton jedermann gegenüber bekannt. Nachdem die Baronin ausführlich über ihre Krankheit berichtet hatte, bestimmte der Doktor zur Therapie: Kamillentee, 2 Stunden spazieren gehen, wieder Kamillentee, wieder zwei Stunden spazieren gehen und zum Abendbrot eine trockene Scheibe Brot. Die Baronin schaute ihn entsetzt an und sagte: „Herr Doktor wissen Sie denn nicht, mit wem sie es hier zu tun haben?" - „Doch", sagte der Doktor, „mit einem alten Weib, das sich überfressen hat und mir die Kur verpfuscht" und ging ohne ein weiteres Wort.

Musbrötchen

O tto Grosse war Besitzer des Café Grosse in Stecklenberg. Er hatte einen schiefen Mund wegen einer kleinen Gesichtslähmung. Wenn einmal wenige Gäste kamen, so stand er vor seinem Kaffee und sprach die Leute an: „Woll'n sie nicht en Pott Kaffee und n' Musbrötchen", daher wurde er Musbrötchen genannt. Musbrötchen ging einmal zum Fleischer Maikath, der verbreitet hatte, er hätte jetzt wunderbare Enten im Angebot. Musbrötchen fragte den Fleischer: „Wie viele Enten hast du denn noch." 12 Stück, war die Antwort.

„Dann packen wir mal neune ein, ich komme gleich wieder."
Maikath packte die neun magersten Enten zusammen in eine Kiste.
Als Musbrötchen wiederkam, sagt er: „Ich habe es mir überlegt, ich
nehme doch nur drei Enten" und nahm die drei fetten Enten, die noch
auf dem Verkaufstresen lagen.

Nur geliehen

Beim Bauer S. war Schlachtefest gewesen. Die Würste hatten
ein paar Tage in der Räucherkammer zugebracht und wurden jetzt über den Hof in die Speisekammer getragen. Dabei
hingen sie noch auf Holzstangen, damit sie sich nicht gegenseitig
berühren und schön abtrocknen konnten.
Auf dem Hof lief die Sau herum, die im Frühjahr wieder ferkeln
sollte. Neugierig ging sie dem Geruch der Würste nach und stieß den
Bauern von hinten mit dem Rüssel ans Bein. Der Bauer erschrak und
drehte sich herum, dabei rutschte eine Wurst von der Stange und fiel
in den Matsch. Sogleich machte sich die Sau darüber her und der
Bauer konnte sich nicht bücken, weil er ja die Stange mit den anderen
Würsten tragen musste. Einen Moment war er sprachlos dann sagt er:
„Dat is mek jetzt ok ejal, in anner Jahr kregge ick das alls wedder!"

Förster und Wilddieb

Eine kleine Ortschaft im Harz war zum großen Teil von
Bergleuten bewohnt, welche entweder in den staatlichen
Manganerzgruben beschäftigt waren oder als Eigenlöhner in
Tagbauen, den Pingen, auf Eisenstein arbeiteten. Eine solche Pinge
kann man sich vorstellen als eine Art Steinbruch von sehr großer
Tiefe. Die Eigenlöhner hatten zum größten Teil ein eigenes Häuschen
mit etwas Acker und Wiese, hielten wohl eine Kuh und ein paar
Schweine, und bildeten so die eigentlich Ansässigen in der Ortschaft.

Die Manganbergleute wohnten meistens zur Miete und hatten nur sehr selten Besitz; sie waren zum großen Teil erst zugezogen, als die Mangangruben in Aufnahme kamen. Die Ortschaft mit ihrer Feldflur lag mitten im Wald. Damals, als die nachfolgende Geschichte spielte, am Anfang des neunzehnten Jahrhunderts, verband noch keine Landstraße sie mit der übrigen Welt. Die angesessenen Leute waren seit alten Zeiten berüchtigte Wilddiebe; man kann sich vorstellen, daß in diesem entlegenen Gebiet jahrhundertelang niemand außer ihnen Anspruch auf das Wild gemacht hatte; und wenn heute ein Mann abends auf seine Wiese ging und einen kapitalen Hirsch sichernd austreten und aufs Geäs ziehen sah, dann war es wohl schwer für ihn, nicht am anderen Abend mit seiner alten Büchse, die er noch vom Urgroßvater geerbt, auf Anstand zu gehen.

In einer herbstlichen hellen Mondnacht kniete ein Wilderer vor einem geendeten Hirsch und schnitt ihm eben mit seinem Taschenknies das Kurzwildbret aus; sein zweiläufiges Gewehr lag vor ihm, der eine Lauf noch geladen. Der Hirsch war am Rand eines Abgrunds gestürzt, des tiefsten der Tagbaue in der Nähe der Ortschaft; ein morsches Gatter, mit langherabhängenden Flechten bewachsen, lief um den äußersten Rand des Abgrunds, der senkrecht nach unten fiel. Plötzlich sprang dem Knienden der Förster entgegen mit der gespannten Büchse in der Hand; er setzte den Fuß auf das Gewehr des Bergmanns und rief: »Gib Dich.«
Der Wilderer schnellte auf, griff sein Messer fester; der Förster hob die Büchse an die Wange; der andere ließ die Arme sinken und sagte mutlos, mit dem Fuß einen Lauf des Hirsches zur Seite stoßend: »Ich kann nicht aus.« »Du tust mir leid,« erwiderte der Förster, »aber ich kann nicht anders.« »Ja ja, schon gut,« antwortete der Bergmann. »Es ist mir nur um die Frau und die Kinder. Es sind ja nicht nur die zwei Jahre, aber das Haus wird alle. Dann kann mein Junge auf die Mangangrube gehen und meine Frau kann Holz lesen.« »Was soll ich machen?« entgegnete der Förster. »Du bist der Schlimmste, das weißt du selber. Ich muß meine Pflicht tun.«

»Dein Glück, daß du so ein schlauer Hund bist,« schloß der Bergmann, »sonst wäre ich auch noch zum Mörder an Dir geworden; davor hat mich Gott nun behütet.«

Der Förster befahl dem Mann, sich umzudrehen und ihm vorauf zuschreiten. Als aber der Mann das getan und er sich nun bückte, das Gewehr des Wilderers aufzuheben und ihm zu folgen, ging der noch geladene Lauf los. Unwillkürlich prallte der Förster zurück, stieß hart an das Gatter, der morsche Pfosten brach über der Erde ab, er verlor das Gleichgewicht und stürzte vorwärts über das Gatter; er griff mit den Händen in die Luft, überschlug sich, seine Hände faßten eine Wurzel, die aus dem Gestein hervorragte; mit einem fürchterlichen Ruck hängte sich sein Körper an die Arme; ein losgelöstes Gatterstück hing schwingend eine kurze Zeit über ihm, fiel dann über ihm fort in die Tiefe.

Der Bergmann legte sich oben glatt nieder und sah nach unten. In dreiviertel Mannshöhe hing der Förster, das Gesicht nach vorn gerichtet; er hing an der äußersten Wurzel einer alten Fichte, die genau am Abgrund überhängend stand; kleine Steinchen bröckelten über ihm hin. »Hab Erbarmen mit meinen Kindern, hilf mir, daß ich hoch komme,« rief der Förster flehend.

Der Wilderer schnallte seinen Leibriemen ab und legte ihn um die freiliegende Lende der Fichte und befestigte ihn, indem er ihn ganz durch die Schnallenöse laufen ließ; es war eine schmale und zähe Wurzel quer über die Lende gewachsen und verhinderte so das Abgleiten. Dann nahm er den Riemen von seinem Gewehr und schnallte ihn an den anderen Riemen; jetzt fragte er den Förster: »Kannst Du Dich an mir hochziehen?« Die Wucht des Sturzes hatte dem Förster die Armgelenke taub gemacht, er wußte noch nicht einmal, ob er sich nur würde halten können. Nun machte der Wilderer noch zwei Knoten in seine Riemen, um einen Griff zu haben, und ließ sich dann langsam über dem Förster hinab; …

der Förster ließ erst die eine Hand von seiner Wurzel los und klammerte sich an den Fuß des Wilderers, klammerte sich dann mit dem anderen Arm, und so trug nun der zusammengesetzte Riemen die beiden aneinander hängenden Männer.

Vorsichtig zog der Wilderer sich an dem Riemen in die Höhe, bis er den ersten Knoten fassen konnte, zog sich dann weiter hoch, bis er den zweiten Knoten faßte, immer den Förster an den Füßen, zog sich dann höher, bis er die Lende des Baumes mit dem einen Arm umklammerte, dann mit dem anderen Arm, und nun schob er sich weiter auf das Ebene, sich in Wurzeln einhakend, und wie er seine Beine hochzog, da kamen die Hände des Försters zum Vorschein, dann der Kopf, und endlich hatte er auch den Förster auf dem Ebenen oben; der hielt aber seine Arme noch eine Weile um die Beine des Mannes geschlungen, dann erst ließ er los.

»Das war ein saures Stück Arbeit,« sagte der Wilderer und besah seine Hände; von drei Fingern an jeder Hand waren ihm die Nägel ausgerissen. »Meine Kinder,« stammelte der Förster, »meine Kinder.« »Du bist ja wie betrunken?« fragte ihn der Wilderer. Der Förster holte seine Schnapsbuttel heraus, trank dem Bergmann zu und reichte sie ihm; der trank gleichfalls und sagte: »Der tut gut.« »Habe ich denn geschrien?« fragte der Förster; »ich habe von gar nichts gewußt.« »Von Deinen Kindern hast Du gesprochen,« antwortete der Wilderer, »und daß Du Dich nicht an mir hochziehen kannst; deshalb habe ich Dich mit hochziehen müssen.«

Es entstand eine Pause; der Förster sah auf den geendeten Hirsch und sagte: »Er sieht gut aus am Leibe.« Plötzlich erinnerte er sich, wischte über sein Gesicht und fuhr fort: »Ach so.«

Der Wilderer schwieg eine geraume Weile, dann sagte er: »Nun läßt Du mich doch aus. Den Hirsch schickst Du an den Oberförster, das Gehörn ist Dein. Es ist ein ungerader Vierzehnender.« Der Förster schüttelte den Kopf und erwiderte: »Ich habe geschworen.« »Wer alles glaubt, was die Pastoren sagen!« antwortete ihm achselzuckend der Wilderer.

»Es ist nicht deshalb, aber Ordnung muß sein,« sagte der Förster. »Du hast mir das Leben gerettet, ohne Dich wär ich hin. Aber wenn der Mensch seine Pflicht nicht mehr tut, dann ist alles aus.« Plötzlich stürzte sich der Wilderer auf den Förster, kniete ihm auf der Brust und umklammerte ihm mit den blutigen Händen die Kehle, indem er schrie: »Dann mußt Du doch hinunter«; aber durch die heftige Bewegung kamen die Körper ins Gleiten, der Wilderer fiel zur Seite, schnell warf sich der Förster auf ihn, mit der einen Hand packte er seine Kehle, mit der anderen ergriff er einen schweren Stein und schlug ihm auf den Kopf, daß ihm die Sinne schwanden; neben ihm hingen noch die zusammengeschnallten Riemen, er löste sie vom Baum, wälzte den Mann um und verschnürte ihm die beiden Hände auf dem Rücken. Dann nahm er den abgeschossenen Doppelläufer, denn seine eigene Büchse lag unten in der Pinge, lud, sah den Feuerstein nach; der Wilderer hatte sich wieder aufgerichtet, das Blut lief ihm über die Augen; der Förster zog sein Taschentuch, wischte ihm die Augen, verband die Stirnwunde und setzte ihm die Mütze auf. Dann erhob sich der Wilderer, und indem der Förster ihm mit gespanntem Hahn folgte, gingen die Beiden zur Ortschaft hinunter. Die Hunde bellten. Alle Häuser waren dunkel. Als sie am Hause des Wilderers vorbeikamen, fragte der Förster: »Willst Du Deine Frau und Kinder noch einmal sprechen?« Der Mann schüttelte finster den Kopf und erwiderte: »Ich habe keine Lust auf das Geplärr.« So gingen die Beiden weiter auf dem Weg, den die Eisensteinwagen und Kohlenkarren fuhren bis zur Eisenhütte; der Lichtschein glühte durch die Fenster und offene Tür der Hütte; der Mond ging unter, sie schritten im Sternenlicht weiter. »Kannst du vor die Füße sehen?« fragte der Förster; der Bergmann antwortete nicht; gegen Morgen kamen sie in der Stadt an; der Förster schlug an das Gefängnistor; er sagte noch: »Daß Du mich gerettet hast, will ich vor Gericht erzählen, das Andere braucht Keiner zu wissen, das ist meine Sache. Verrate Dich nicht, denn wenn ich gefragt werde, so muß ich's sagen.«

»Es ist gut,« antwortete der Bergmann. Das Tor wurde geöffnet, der Förster lieferte seinen Gefangenen ab und ging zurück. In der Gerichtsverhandlung wurde Alles erzählt, außer dem letzten Angriff des Wilderers; es ging nicht anders, als daß man den Mann verurteilte, aber die Richter empfahlen ihn dem Herzog zur Begnadigung. Man wußte, daß der Herzog Wilderer nicht begnadigte. Der Förster zog seine Staatsuniform an und fuhr in die Hauptstadt; er erhielt eine Audienz beim Minister; der Minister sagte: »Ich fühle menschlich,« setzte sich gleich mit ihm in den Wagen und fuhr zum Schloß; die Beiden mußten in einem großen Saal warten; der Herzog erschien, der Minister sagte ihm ein paar Worte und forderte dann den Förster auf, zu erzählen. Schweigend, auf die Erde blickend, mit ungeduldigem Gesichtsausdruck hörte der Herzog zu; wie der Förster seine Erzählung beendet hatte, sagte er langsam, ihn gleichgültig ansehend: »Ich habe es mir zum Gesetz gemacht, keinen Wilderer zu begnadigen. Anders kann das Laster nicht ausgerottet werden.« Dem Förster schwoll die Ader auf der Stirn. »Das Laster?« rief er, »Hoheit gehen selber auf die Jagd. Meinen Hoheit, die armen Leute sind aus anderm Teig gebacken?« Erstaunt trat der Herzog einen halben Schritt zurück und sah auf den Minister. Dieser warf verlegen ein: »Der Mann hat doch dem Förster das Leben gerettet mit eigner Lebensgefahr. Der Förster hat es für seine Pflicht gehalten, ihn trotzdem zu verhaften.« »Ich weiß, ich weiß,« antwortete der Herzog. »Was soll ich tun? Der Förster tut mir ja leid, lassen Exzellenz ihm eine Anweisung auf zwanzig Taler anschreiben.« Der Förster trat ungestüm vor und schrie: »Bin ich ein Menschenverkäufer?«

Plötzlich riß er seinen Uniformrock auf, zog ihn aus, warf ihn dem Herzog vor die Füße und fuhr fort: »Da liegt der grüne Rock.« Der Minister zitterte, der Herzog lächelte, wie er den wütenden Mann in Hemdsärmeln und den bebenden Beamten sah; dann ging er auf den Förster zu, reichte ihm die Hand und sagte: »Er ist ein Kerl, wie er sein muß. Zieh er seinen Rock wieder an, der Wilderer wird begnadigt, seine zwanzig Taler soll er doch haben.«

Dann winkte er den beiden Fassungslosen zu und ging aus dem Saal. Der Minister nahm den Förster wieder in seinen Wagen, aber die Beiden sprachen unterwegs kein Wort.

Als der Bergmann nach Hause kam, sagte der Förster zu ihm: »Wir sind quitt, jetzt geht eine neue Rechnung an.« Der Wilderer schüttelte ihm die Hand, dankte ihm und sprach: »Ich habe genug von dem Schreck, noch einmal mag ich Das nicht erleben.« »Wer's glaubt, daß es anhält!« erwiderte der Förster, rückte seine Büchse zurecht, pfiff seinem Hund und ging weiter.

Nach einem Jahr wurde der Förster erschossen gefunden. Männer hieben zwei junge Tannen ab, flochten aus Zweigen eine Bahre und trugen ihn in den Ort; die Försterin stürzte aus dem Haus, raufte sich die Haare, die Kinder folgten ihr, schrieen und weinten, die Frau warf sich auf den toten Mann; wie sie aufblickte, sah sie dem Wilderer gerade ins Gesicht; er war in der schwarzen Bergmannstracht mit dem Schachthut, er kam eben von der Arbeit. Er ging auf der anderen Seite der Straße und tat, als ob er den Auflauf nicht sehe. Die Frau zeigte mit dem Finger auf ihn und schrie: »Der, Der, für Den ist er zum Herzog gegangen, hat seine Stelle in die Schanze geschlagen, an seine Kinder hat er nicht gedacht, er hat nur an Den gedacht.« Der Mann ging stumm vorüber, die Leute sahen ihm still nach, die Witwe warf sich wieder jammernd über den Toten.

Der Wilderer trat in sein Haus, ein Kind wich scheu zur Seite; die Frau kam; er herrschte sie an und verlangte sein Waschwasser; dann wusch er in der Wohnstube den roten Arbeitsschmutz ab, zog sich aus, ging in den Stall, wo die beiden Kühe standen; sie wendeten ihm die Köpfe zu, er streichelte sie; dann stieg er die Leiter zum Heuboden hoch, knüpfte einen Strick an einen Dachsparren und erhängte sich. *(aufgeschrieben von Paul Ernst (1866-1933))*

Peter & die Straßenräuber

P eter Klese war Schäfer auf der LPG in Neinstedt. Er bildete viele Hunde selbst aus. Sein bester Hund, wie er sagte, war Hurtig, eine Mischung aus Border-Collie und deutschem Schäferhund.

Eines Nachts kam er von einer Feier in Westerhausen und lief zu Fuß mit Hurtig die Straße nach Warnstedt entlang, als ihm 3 Mopedfahrer aus Thale entgegenkamen. Die wendeten, fuhren ein Stück zurück und stiegen ab. „Oh, die wollen was von Dir!", sagte sich Peter und leise hinter sich: „Hurtig, wo bist Du?" Hurtig schnüffelte irgendwo herum. Die Männer kamen immer näher und einer meinte: „Na, so allein auf dunkler Straße?" Peter rief wieder leise hinter sich nach Hurtig und da war er auch schon neben ihm. Die Männer sahen den Hund nicht, wohl wegen dem dunklen Fell.

Peter zeige auf den ersten der Männer und rief: „Hurtig, den da!" Wie ein Blitz, griff Hurtig an. Einer der Männer rannte über den Acker davon, ein anderer schaffte es gerade bis zum Moped und sauste weg, der dritte hatte sich auf einen Baum gerettet. Peter schaute den Baum hinauf. Dann sagte er „Hurtig, pass auf" und ging nach Hause.

Am nächsten Morgen ging Peter wieder zum Baum. Der Möchte-gern-Straßenräuber saß immer noch oben und Hurtig lag drunter und passte auf. Als der Kletterer den Peter sah, sprach er kleinlaut: „Ich möchte mich entschuldigen!" - „Na dann komm wieder runter!", sagte Peter, drehte sich um und ging mit Hurtig nach Hause.

Peters Hochzeit

M it 17 Jahren musste Peter zum Militär und seine Jugend-liebe, die Guste zurücklassen. Er diente im Magde-burgischen Kürassier-Regiment Nr. 7 in der Eskadron Quedlinburg. Kaum war die erste Ausbildung beendet, ging es in den Krieg gegen Österreich.

Während der Schlacht von Königgrätz am 3. Juli 1866, wurde er im Granatfeuer von Roßnitz am Arm verwundet. Nach Jahren wurde er aus dem Militär entlassen und kehrte mit zwei weiteren Kameraden nach Stecklenberg zurück. Da war er schon 24 Jahre und hatte etliches von der Welt gesehen. Wie auch andere, schwärmte ab und zu von seinen Erlebnissen beim Militär, aber zurück wollte er keinesfalls.

Wie es immer ist, wenn die hohen Herren einen Krieg führen, war es auch in Stecklenberg. Die Zahl der heiratsfreien Mädchen war größer, als die der jungen Männer. So dauerte es nicht lange und seine beiden Kameraden waren unter der Haube. Peter aber zierte sich. Er wollte das Leben erst einmal genießen und sich nicht durch Weib und Kinder binden. Zwar ging er wieder mit der Guste zum Tanz, doch wenn etwas Dauerhaftes zur Sprache kam, hatte er immer Ausflüchte. So kam es, dass er mit diesem und jenem Mädchen des Ortes anbändelte und wohl auch in den anderen Orten sein Vergnügen suchte, sehr zum Leidwesen der Guste.

Eines Tages begann sich der sonst schlanke Bauch der Guste zu runden. Als sie es selbst bemerkte, ging sie zum Pfarrer, doch der konnte den Peter auch nicht zur Hochzeit zwingen. Also gingen sie zum Schulzen. Der wusste Rat, denn sein Eidam war Sergeant in Halberstadt. - In der Woche darauf ritten drei Husaren auffällig durch Stecklenberg. Schließlich kehrten sie beim Schulzen ein. Stecklenberg hatte bis 1893 keinen eigenen Bürgermeister.

Als sie wieder wegeritten waren, setzte der Schulze sein Amtsgesicht auf. Das konnte man selten bei ihm sehen, aber wenn er es aufsetzte, dann musste es etwas Wichtiges sein. So ging er zu Peters Mutter, auch Peter hatte davon gehört und setzte sich in der guten Stube zu ihnen. Der Schulze sagte: „Es waren die Husaren da. Es geht wieder in den Krieg. Ich muss in vier Wochen jeden dienstfähigen jungen Mann melden, der nicht verheiratet ist. Man munkelt, es gehe gegen Russland und das, wo jetzt der Winter kommt. Also Peter, bereite dich darauf vor, dass du bald wieder nach Halberstadt musst."

Peter wurde ganz blass und ihm zitterten die Knie. Peters Mutter brach in Tränen aus. So hatte sich Peter sein Leben nicht vorgestellt. Im letzten Krieg war er noch mal glimpflich davongekommen, aber ob es diesmal gut ausgehen würde, war ungewiss. - Lange redete er am Abend mit seiner Mutter darüber und sie waren sich einig: Peter muss heiraten.

Mit einem Blumenstrauß ging Peter am nächsten Tag zur Guste und fragte sie durch die Blume, ob sie ihn denn noch wolle. Aber Guste wollte nicht, sie machte ihm Vorhaltungen über seine Weibergeschichten und was das denn werden solle, wenn sie erst verheiratet wären. - Niedergeschlagen ging Peter nach Hause und durfte sich von seiner Mutter die nächste Standpauke abholen und die war etwas lauter, denn auch der Mutter hatte es nicht gepasst, dass Peter sich in den letzten Jahren mit einigen Mädchen rumgetrieben hatte. - Also ging Peter am nächsten Tag mit einem kleinen Geschenk wieder zur Guste. Das nahm sie auch gerne an, doch sie meinte, das wird wohl mit uns nichts werden, du mit deinem Lebenswandel bist nicht für mich geeignet. - So ging es die ganze Woche und Peter schwor jedes Mal, dass er der treueste und liebste Ehemann sein würde. Schließlich ging Peter nach Quedlinburg zum Goldschmied und kaufte einen goldenen Ring, einen recht schönen, wenn auch nicht den teuersten, grad einen angemessenen, wie es üblich war.

Am nächsten Sonntag spazierte er mit seiner Mutter wie zufällig durch den Ort bis zu Gustens Elternhaus. Dort klopfte er, sie wurden hineingebeten, und Peter fragte mit rotem Kopf Gustens Vater, ob er um ihre Hand anhalten dürfe. „Ja, frag sie doch selbst!" Da holte Peter den goldenen Ring hervor und überreichte ihn der Guste, die über das ganze Gesicht strahlte. Die Hochzeit wurde 14 Tage später gefeiert. - Auch der Schulze war da und sagte zu Peter, dass er wohl nun keinen aus dem Ort zu Militär melden könne, aber das nächste Mal müssten sicherlich auch die Verheirateten, die keine Kinder hätten, einrücken. Da lachte der Peter und gab seiner Auguste einen Kuss.

Pironje

G ünter V. stammte aus Oberschlesien und sprach auch so. Als Aussiedler kam er nach dem Krieg nach Stecklenberg und heiratete Wera Grude. Sein Spitzname war „Pironje", doch den konnte er nicht ausstehen. Pironje ist ein polnischer Kraftausdruck etwa wie Donnerwetter.

Pironje, manche nannten ihn auch den Krepel, war dafür bekannt, dass er keiner Schlägerei aus dem Wege ging und rief ihn jemand mit diesem Namen, so sprang er über Tisch und Bänke und stürzte sich auf denjenigen, um ihn zu vermöbeln. So gab es in den 1950ern häufig Schlägereien mit Pironje im Waldfrieden. Eines Abends kamen die Gäste zum Stammtisch und auf jeden Sitzplatz hatte der Wirt Heinz Stertz einen Knüppel gelegt. Verwundert fragten die Gäste nach dem Sinn. Heinz sagte: „Von mir aus könnt ihr euch gegenseitig verprügeln, aber reißt mir nicht wieder Tisch- und Stuhlbeine aus, nehmt lieber die Knüppel, die ich euch hingelegt habe."

Schnapszahl

I m Waldfrieden in den 60er und 70er Jahren herrschte oft eine ausgelassene fröhliche Stimmung, doch wenn am anderen Tag früh die Arbeit rief, so konnte man abends nicht allzu lange bleiben. Daher wurde Harry T. oft von seiner Frau Gisela begleitet. Als die Zeit gekommen war, drängte Gisela zum nach Hause gehen. „Gut" sagte Harry „nur noch ein Lied und ein Korn." Dann sang er mit seinem Kameraden noch einmal das alte Lied:

Der liebe Vati hilft heut bei der Ernte,
denn er fährt Korn ein, denn er fährt Korn ein.
Dem lieben Vati macht das gar nichts aus,
denn er kommt ganz bestimmt ,
ganz körnchenblau nach Haus.

Schließlich drängte Gisela energisch: „Jetzt aber nach Hause!" „Jawoll," sagte Harry kippte seinen Korn hinunter „Günther mach mal die Rechnung!" und zwinkerte Günther, dem Wirt dabei zu. Damals waren die Gaststättenpreise noch recht niedrig. Günther rechnete auf seinem Block herum und rief dann hinter der Theke hervor: „Macht 7 Mark 77." - „Das kann doch nicht wahr sein!", rief Harry „Eine Schnapszahl, Günther mach noch 'ne Runde!" So musste sich Gisela noch einmal hinsetzen und es dauerte wie so oft, doch noch eine Stunde, eh sie zu Hause waren.

Flugversuch

Otto Breitenthal (natürlich wurde der Name geändert) war ein ausgesprochen großer, breiter, stattlicher und kräftiger Mann. Die Ursachen der folgenden Ereignisse sind uns nicht bekannt, wohl aber die Folgen: Als Otto eines Tages unverhofft früher nach Hause kam, fand er seine Frau mit einem fremden Mann unbekleidet in den Ehebetten. Wutentbrannt griff er sich den Nebenbuhler und warf ihn vom zweiten Stock des Balkons, laut hinterherrufend: „Wer Vögeln kann, kann auch fliegen!" Sicherheitshalber schaute er am Balkon herunter und konnte sehen, dass sich der Nebenbuhler nicht das Genick gebrochen hatte, sondern schleunigst nackt das Weite suchte. Dier Ehescheidung ließ nicht lange auf sich warten.

Das Gasthaus zum wilden Manne

Am Fuße des Brocken, im schönen Harz, da steht in des Bergkreises Banne ein Wirtshaus, das man im Lande kennt als das "Gasthaus zur grünen Tanne". Und wenn der Sommer zog in das Land, dann kam nach gewohnter Weise zu dem freundlich-vornehm-diskreten Wirt manches Paar auf der Hochzeitsreise.

Und das beste Zimmer im ersten Stock mit dem Erker und dem Balkone, war stets gerüstet für die Nacht, die ein junges Paar erstmals dort wohne. Und es sah das Zimmer im ersten Stock manch' zärtlich-glückliche Stunde, derweilen unten im Parterre beim Wirt saß die Stammtischrunde.

Fünf ältere Herren saßen am Tisch bei edlem Wein und Canasta: Der Apotheker, der Doktor, der Wirt, der Amtsrichter und der Herr Pastor. Und jedes Mal, wenn ein Hochzeitspaar einzog in das Zimmer dort oben, dann machte der Wirt nur leise „pst, pst!" und zeigt' mit dem Daumen nach oben.

Dann wurden die Alten wieder jung und steckten die Köpfe zusammen, und es malte die Erinnerung in ihre Gesichter lodernde Flammen! Und der Oberkellner, der würdige Franz, der stellte, sanft lächelnd in Milde, im Kübel 'ne Flasche Söhnlein kalt, er war für die Fälle im Bilde.

Und es hoben die Blicke der Alten empor sich zur Decke an eine Stelle, grad' über dem Tisch, wo an einem Holz hing eine silberne Schelle...!

Und am Querholz sah man listig und klug sich ein zartes Fädchen befinden, das geheimnisvoll zur Decke hinzog, dort sah man es plötzlich verschwinden...!

Und jedes Mal, wenn sich mit silbernem Klang tat die Stimme des Glöckleins erheben, dann stießen die Alten die Kelche an und ließen das junge Paar leben!!! Und der Ober füllte die Gläser frisch, er lächelte freundlich und milde und stellte ´ne weitere Flasche kalt, er war für die Sachen im Bilde.

Bald glühte den Alten der graue Kopf bei Perlwein und Canasta, dem Apotheker, dem Doktor, dem Wirt, dem Amtsrichter und dem Herrn Pastor. Da geschah es mal wieder zur Zeit des Mai, im Gebüsch sang die Nachtigall leise, dass in das Zimmer im ersten Stock zog ein Paar auf der Hochzeitsreise.

Und wieder hatte der Ober Franz, sein Antlitz strahlte in Milde, die übliche Flasche kaltgestellt. Er war wie immer im Bilde! Schon mehrmals hatte das Glöcklein getönt, schon mehrmals hob man die Becher, und wieder brachten dem jungen Paar ein "Hoch!" die ergrauten Zecher!

Doch als das Glöcklein zum sechsten Mal klang, hob der Doktor den Blick zu der Stange und sprach, und die anderen nickten ihm zu: „Um deren Zukunft ist mir nicht bange." Dann saßen sie wieder und lauschten gespannt, und als die Töne noch immer nicht schwiegen, da paarte sich die Verwunderung mit der Hochachtung auf ihren Zügen!

Und als gar die achte Flasche geleert und die neunte bereits stand im Kübel, zitierte der Pastor mit heiligem Ernst diesbezügliche Stellen aus der Bibel.

Und der Amtsrichter wollte -als strenger Jurist- sich über die „ius primae noctis" verbreiten, da fing mit den andern Lateinern am Tisch der Apotheker bereits an zu streiten.

Und als ein weiteres Glockenspiel erklang wie das erste so milde, verlor selbst der Kellner den Überblick - er war nicht mehr ganz im Bilde! Es wurde dem Doktor im Frack zu schwül, er hat sich nur schwer gemeistert, der Wirt aber sagte „Donnerkiel!" Er war von dem Glöckner begeistert!

Dem Amtsrichter stieg schon der Söhnlein zu Kopf, der Apotheker fing an zu toben, der Pastor hingegen sang ´nen Choral von der Güte des Herrn dort oben...
Und wieder wurden die Becher gefüllt, und wieder gefüllt auch die Kanne... das Glöcklein schwieg nicht in dieser Nacht im „Gasthaus zur grünen Tanne"!

So geschah es, dass ein winziges Glöckelein, das im Mai eine Nacht lang geklungen, durch sein helles, silbernes Jubelgeläut fünf trinkfeste Zecher bezwungen. Und als dann das Glöckelein endlich verstummt, da hat es am anderen Tage der Wirt vergolden lassen geschwind - so geht jetzt im Lande die Sage.

Doch sucht ihr, dann sucht ihr vergeblich heut´ nach dem Gasthaus „Zur grünen Tanne" – Seit jenem Tage heißt es im Land das „Gasthaus zum wilden Manne"!!!

Friedenseiche

Stecklenberg i. Harz   Kirche

Stecklenberg a. H.   Hauptstrasse

Die Georgshöhe
b. Stecklenberg, Harz

Harz - Beiträge zur Heimatkunde

In der Reihe sind bisher erschienen:

Band 1: Der Schlüssel- & Klöppelkrieg von Neinstedt

Band 2: Märchen, Sagen & Geschichten um und über Bad Suderode

Band 3: Mythen, Sagen & Märchen um und über Thale

Band 4: Die schönsten Sagen aus unserem Quedlinburg

Band 5: Alte & neue Anekdoten aus Bad Suderode am Harz

Band 6: Halberstädter Sagen – das Tor zum Harz

Band 7: Sagen aus Gernrode – der 1000jährigen Stadt am Harz

Band 8: Die schönsten Sagen aus Ballenstedt & dem Selketal

Band 9: Sagen & Anekdoten aus Stecklenberg im Harz

Band 10: Quedlinburger Anekdoten

Band 11: Die schönsten Sagen aus Blankenburg

Band 12: Die Lauenburg & die Stecklenburg in Stecklenberg im Harz

134